3分チャージ
座右の言葉

JN058181

ピンチをチャンスに変える100の叡智

武器になる言葉

浅川智仁
Tomohito Asakawa

Clover
クローバー出版

※本書は2011年5月に文芸社より刊行された『勇気の言葉』を
再発行したもので、掲載されている人物の年齢・肩書き等は当
時のままとしてあります。

序

——自己紹介に代えて——

「すべての失敗と逆境には、それと同等かそれ以上の利益の種子がある」

　この言葉に出会ったのは、私が大学2年生、21歳のときでした。

　そのころ、バイト先の麻雀店のオーナーから教えていただいたのが、ナポレオン・ヒルの成功哲学です。彼の著書『思考は現実化する』で述べられている17の原理原則のうちの代表的なものがこの一節でした。

　私のこれまでの人生を振り返ってみると、この言葉との出会いがなければ、今の自分はなかったと言っても過言ではありません。

　少なくとも、人生をデザインするための名言集をこうして出版することはなかっただろうと思います。ましてや、成功哲学を伝える講師やプロコーチにもなっていなかったでしょう。さらに言えば、セールスをする方々のお手伝いをするコンサルタントにもなっていなかったに違いありません。

　この冒頭の一節との出会いは、私にとっては人生を左右するほどの決定的なものであり、運命的なものでした。

　たった32年にすぎませんが、私が生きてきたこれま

での道のりは、この言葉を自らの人生で証明してきたようなものです。

　そしてもっと言えば、これからの人生も、その真理を確かめていく日々になるだろうと確信しています。

「人生の質は、良質な言葉をいくつ知るかに比例する」

　と私は信じています。
　価値ある言葉を、どれだけ多く脳と心に供給しているか。
　良質なボキャブラリーを、いくつ自分自身の中にストックできているのか。
　この差こそが、人生の差になります。
　こんな信念を持つようになったのも、冒頭の言葉に出会ったことがキッカケです。そしてそれ以来、私は古今東西の素晴らしい言葉に心惹かれるようになり、蒐集するようになったのです。

　本書に紹介する100の言葉は、どれも私にとってかけがえのない財産です。読むたびに目を見開かされたり、奮い立たされることはもちろん、時にはガツンと頭を殴られたような衝撃を受けたり、叱咤激励されたりもする珠玉の言葉たちです。
　私はこの言葉たちによって救われ、生かされてきました。
　今回、私が発行している無料メールマガジン『勇気の言葉』が、こうして一冊の本として形になったことは、私にとって大きな夢の実現と言えます。

　この本では、その言葉たちの紹介の前に、少しだけ、それを集めた私自身の物語も書くことにしました。本来私は、自分自身の生い立ちについて語ることは好きではなく、むしろ避けてきました。

　しかし、私自身がこれまでの試練や逆境にどのように向き合ってきたのか、そしてそれが、これから紹介する言葉とどう関係しているかについて語ることは、本書を手にとっていただいた読者の方々に対する最低限のマナーではないかと考えたわけです。

　現在何かに悩み、出口を見つけられない方や、一歩踏み出すことに臆病になっている方の背中を少しでも押すことができるのであれば、それは私にとって大きな喜びです。

　この本が、皆さんの心を少しでもしなやかにするお手伝いになるのであれば、これほどうれしいことはありません。

すべての試練、逆境が、今の自分を創ってくれた

「浅川さんは挫折したことなんてあるんですか?」
「落ち込むことなんて、きっとないんでしょうね?」
　現在、目の前の方を勇気づけ、やりがいや生きがいを見つけるためのお手伝いをしている仕事柄か、初めてお会いする方によくこのように言われます。

　確かに、一見するとそう思われてしまうのは無理もないかもしれません。

　持ち前（笑）の笑顔と声の大きさはもちろん、公表し

ているプロフィールを見れば、たぶんそのように感じる
かもしれないと、当の本人でさえそう思うのですから。

　しかし、これまでの私の人生は、むしろ挫折ばかりだ
ったと言ってもおかしくありません。そして、それによ
って落ち込むことも数え切れないほどありました。

　実を言えば、私が今の職業を生業にしているというこ
と自体が、今までの挫折人生の帰結でもあるのです。

　イメージしてみてください。

　歯が痛くないのに、歯医者さんに行く人はいませんよね。

　目が悪くないのに、眼科やメガネ屋さんに行く人もい
ないはずです。

　逆説的ではありますが、成功に憧れながらもそれに近
づくことができない自分だったからこそ、私はナポレオ
ン・ヒルという成功哲学に興味を持ち、能力開発の世界
にどっぷりはまったのです。

　もっと言えば、それを自分自身にも適用できるのかど
うかを証明したいがために、ずっと愚直に実践し続けて
いるというのが本当のところです。

　ちなみに、これはたいへん昔の話にはなりますが、小
学校の学期末に手渡される通信簿（私たちの学校ではそ
れを「あゆみ」と言っていました）の中の所見欄には、決
まって「智仁君は一つひとつのことをいちいち気にしす
ぎる傾向があります」と書かれていたものです。

　そのころの私は、他人の言葉や仕草、周りの状況な
ど、何でもかんでも気にしすぎていました。言うなれば
非常に自意識過剰で神経質な子どもだったのです。

　今でこそ決断力の速さと心の強さには自信があります
が、昔はまったく違いました。

　よく言う「石橋を叩いて、叩いて叩いて叩き割る」と
いった過度の優柔不断タイプであり、大学浪人をする
18歳までは、何かを全力でやり遂げたことがないとい
う三日坊主のナマケモノだったのです。

　そんな自分を変えたいという気持ちが人一倍強かった
からこそ、セルフマネジメントを学んだと言えますし、
人一倍優柔不断の自分に嫌気が差して、どうにかして決
断力を身につけたいと思ったのです。

　もともと自分の中にあった資質で評価できることと言
えば、「負けん気の強さ」と「素直さ」だけだったかも
しれません。
「負けたくない！」という強い気持ちと、「良いものはど
んどん取り入れよう」という素直さが相俟って、成功法
則を愚直に実践し続けてこられたのだと思っています。

　話を戻しますが、今の私は、「挫折や逆境によって創
られた」というのが、偽らざる本音です。中でも、私の
人生を語るうえで避けることができない決定的な挫折と
試練と言えば、次の2つが挙げられます。
「挫折」は、大学卒業後、同期でたった一人だけ就職浪
人をしたことです。
「試練」は、24歳のときに家業の倒産を経験し、それ
によって28歳で約2000万円の負債を自ら望んで引き受
けたことです。

詳しくは後述しますが、今考えれば、この２つの、精神面と経済面での試練と逆境こそが、今の私を創り上げてくれた、何物にも代えがたい"ギフト"だったのです。

　初めて社会に出ようとしていた私にとって就職浪人という現実は、打ちのめされるような挫折感を覚えるものでした。当時のことを思い出すだけでも寒気が生じ、鳥肌が立ってくるほどです。
　他人と比べることの虚しさは、頭では分かっていたつもりですが、心はなかなかその理解に付いていけませんでした。
　まだまだ不安定でデリケートな年頃でもある20代前半の私にとって、この経験は自己イメージを大きく傷つける決定的な要因となったのです。

　共に大学生活を送った同期の全員が、ストレートに社会人となっていく現実。しかも、ほとんどが一部上場企業に入社していく、その姿を見て私は、激しい劣等感に苛まれました。
　当時はそれをうまく受け入れることなどできず、虚勢を張りながらもなんとか自分を保たなくてはならない……そんな気持ちで毎日を送っていました。
　そして「就職浪人」というだけで、それまでの私が全否定されてしまうような世間の雰囲気も、耐えがたいものがありました。人間性や能力ではなく、「就職浪人」という事実だけで、私という人間が判断されたと感じたのです。

　大学卒業後は、両親には極力迷惑をかけずに生活を維持していくため、いろいろなアルバイトを経験しました。

　倉庫での、伝票に記載されている商品を一日中ピックアップする仕事。

　大手スーパーでは、レジの横に設置されたポイントカードの受け付けをする仕事。

　銀座並木通り沿いにあるクラブでのボーイの仕事……。

　職業や仕事には上も下もないということは、今では体験を通して明確に分かりますが、当時の私は社会をまったく知らない、圧倒的に未熟な存在です。仕事の種類と人格をリンクさせて人を判断してしまうような瞬間は、何度もありました。

「大学時代に俺はいったい何をやっていたんだろう」

「大学を出ながら何をやっているんだろう」

「大学を出してもらいながら、親に対して本当に申し訳ない」

　今まであった自信は粉々に砕け散り、私はどんどん自己嫌悪に陥っていきました。ただ、これはのちに痛感することになるのですが、このときのほとんどすべての経験が、セールスに挑戦した際の最高の武器であり強みになったのです。

　特に、銀座のクラブでの仕事は、その後の人生の大きな糧となりました。いわゆる仕事ができる人の遊び方や、人を魅了するような一流の人物の会話には共通点があることを、その方たちのオフの時間に接することで知ることができたのですから。

また、普段決して話ができないような高いステージにいる方と、緩いプライベートな会話ができたことも貴重な経験になりました。

　まさに、逆境や試練の中に、のちに生まれる利益の種がいくつも埋まっていたわけです。

　今私は、自分でも言い尽くせないほど、仕事に幸せとやりがいを感じ、まさに天職に就いているという実感を、毎日のように味わっています。

　しかし、その私のキャリアのスタートは、今お話ししたように、「なんでこんな仕事をしているんだろう……」と思い続けた日々にありました。

　しかし、「どうせ時間を拘束されるのであれば、嫌々やるよりも自分の生き様を表現してみよう」と、ある本の一節に出会ったのをキッカケに、肚を括ることにしたのです。

　ですから、今仕事にやりがいや生きがいを感じていないという方には、私のこれまでの経験を基に講じられる手段を、大声で伝えたいと思います。

　まずは今、目の前にある仕事に、言い訳せずに誰よりも積極的に取り組んでみてください。そして、少なくとも、今、目の前にいる人を、全力で喜ばせてみてほしいのです。

　それはお客さまかもしれませんし、同僚かもしれません。上司であることも多いでしょう。

　いずれにしても言えることは、今、目の前にいる一人を感動させられない人に、多くの人を感動させることはできないということです。

　天職の女神は、今を精一杯生きる人に、天職という恵みを与えるのだと、私は信じています。

読書と映画が心を保ってくれた

　ところで、当時の私は無論、お金に縁のない生活を送っていました。アルバイトに行くための電車代とお昼のパン代で悩むようなこともよくありました。

　お金と未来に悩み、極端な話、一日中人と話をしないことも度々あった私は、「これは、心に栄養を与えないと精神的にまずいことになるかもしれない」と真剣に思うようになり、とにかく自分を保つために、使えるお金を切りつめ読書と映画に没頭していきました。

　読書は、自己啓発系のものが多かったのですが、小説もたくさん読みました。

「なぜこれほど長い年月、世界中の人々に愛されているのだろうか？」という思いから、すでに評価の定まった近現代の作品を中心に読んでいきました。カミュの『異邦人』や『ペスト』、カフカの『変身』、フィッツジェラルドの『グレート・ギャッツビー』、シェイクスピアやゲーテ、または遠藤周作の『沈黙』や『深い河』……等々、手当たり次第に手を伸ばし読書を重ねていきました。

　中でも、遠藤周作の『沈黙』は衝撃的で、「この本にめぐり合うために、俺は今まで本を読んできたんだ！」と思えたほどで、今でも私にとっては小説の分野では最高の一冊です。

映画も、古典作品と呼ばれるものや1970～1980年代の作品を中心に観ていきました。

　イタリア映画の名作『道』や『風と共に去りぬ』、『カサブランカ』に始まり、『俺たちに明日はない』や『明日に向かって撃て！』、『ゴッドファーザー』に『カッコーの巣の上で』、『ニュー・シネマ・パラダイス』……。

　黒澤作品にも傾倒していき、「あの混沌とした映像美は、日本人にしか表現できないのかもしれない」などと感じたものです。

　アルバイト経験がそうであったように、当時、読書や映画に貪るように触れてきたことが、のちのセールスに大いに役立つこととなります。

　この時期にインプットを徹底したことによって、広範囲で多様な引き出しを形成できたことは、私の大きな強みとなりました。

　結局のところ、私たちの創造力には限界があるので、インプット（入力）したことしかアウトプット（出力）できません。あの当時、時間だけには恵まれていたので、インプットに集中でき、それがその後の私を形成する大きな支えとなりました。

　もし今、やることなすことうまくいかず、八方塞がりだと感じている方がいるならば、インプットのパターンを意識的に変えてみてはどうでしょうか。打開策の一つ

になる可能性が大いにあります。

　今までやりたいとは思っていながらも着手できなかったことや、まったく目もくれずにいたことにチャレンジすることが、数年後には、自分にとって決定的な強みになっているということもよくあることです。

　私は、決して腐らず貪欲にインプット作業を繰り返していた当時の自分に、今では心から感謝しています。

選択肢がなくなったときに開けた人生

　その後、就職浪人中のアルバイト生活も長くは続かず、家業を手伝うために私は山梨の実家に戻りました。ところが、ほどなく実家の商売がにっちもさっちもいかなくなり、私は再度東京に出てくることになったのです。

　そのとき、父の知人で、私自身も学生時代からお世話になっていたあるベンチャー企業の経営者の方が、私にチャンスを与えてくれたのです。25歳の1月のことでした。

　皮肉なもので、ここから私のキャリアは大きく開けていきました。

　他の選択肢が一切なくなり、「これ以外に進む道がない」というまさに瀬戸際から、私の新たなステップが始まったのです。

　振り返って、私は思います。

　すべては言い訳の道を断ち決断するかしないか、決断できるかできないかがポイントだったのだと。

１年で３年分の仕事をした社長秘書時代

「決断」とは、“求める結果以外は受け入れない”と決めることです。

　当時の私は、「遅れを取り戻し、絶対に這い上がる」という一心で生きていました。その気持ちだけが原動力となっていました。

　大学卒業後、スムーズに社会人となった同期から約３年遅れでキャリアをスタートさせたと考えた私は、とにかく遅れを取り戻そうと仕事に邁進します。そして「１年で３年分の仕事をしよう！」と決断し、与えられた仕事だけでなく、他人の仕事までも自分の仕事に取りこんでしまうぐらいの気持ちで、全身全霊を仕事に傾けていきました。

　加えて、「自分を拾ってくれた恩師である社長に、恩返しをしなければ」という気持ちが強力なモチベーションとなりました。社長が口に出したこと、社長がやりたいと思ったことに関しては、誰よりも率先して遮二無二取り組んだものです。

　当時私は、主に新規事業のプロジェクトやイベント企画を担っていましたが、常時５つか６つのプロジェクトを並行して進めていたこともあり、時には１日に20時間の勤務という状況もありました。今では笑い話ですが、会議中に手が震えだし、社長から「休め」と言われ

てもなお仕事を続けたこともあります。

　今考えると、私は本当にツイていたと思います。なぜなら、キャリアの最初がこのベンチャー企業であったことで、いろいろな仕事を横断する経験が積めたからです。社長の運転手、アルバイトの方へ渡す領収書作り、地方公共団体とのアライアンス構築のための資料作成や企画書の作成、大手企業の部長クラスの方との折衝や価格交渉、2000人を集客するイベントの責任者……など、ありとあらゆる仕事に挑戦できました。

　のちに挑戦した営業職には、このときの経験が大きく活かされました。

　企画畑だった強みから、戦略的思考でセールスをとらえることができ、数値化して分析することも苦労なくできました。また、あらゆるプロジェクトを並行して進めていたことで、パラレル思考が育まれ、そのおかげで独立した今も様々な仕事を並行してできるようになりました。

　まさに、キャリアのステップを踏んでいくうえでは、このベンチャー企業が最高の場所だったということに疑う余地はありません。

　それにしても、決断した人間の強さとは、我ながら本当にすごいものがあると思います。

　その後28歳のとき、私は実家の倒産で生じた負債の約2000万円を自ら引き受けると、父に願い出ました。理由は、「トップセールスマンになる」という揺るぎない決断をするためでした。自ら具体的な課題を背負うこ

とで自分自身に奮起を促したのです。

　当時はすでにベンチャー企業から転職し、ナポレオン・ヒル財団で営業職を始めていたころで、収入的にはどうにかなるという見通しがついていました。

　私が今でも最高の上司であったと尊敬し、セールスとマネジメントのメンター（師匠）として慕っている方に相談したところ、その師から「徳を積むためにも、それはぜひやった方がいい！」というアドバイスをいただいたことも大きな後押しとなりました。

　これで私は、営業の世界で結果を出さなければいけないという已むに已まれぬ理由ができたわけです。

　言い換えれば、結果を出す以外は考えられないという崖っぷちに自分を無理やり立たせたことで、短期間でトップセールスマンへと駆け上がることができたのです。

　今でも思います。

　この試練こそ、人生最高のギフトだったと。

　余談ですが、ここ何年か大学卒業生の就職率低下が叫ばれています。その大きな要因の一つが、ほとんどの学生が大企業への就職だけを望んでいるためだそうです。大企業の求人が少なくなっている以上、これは致し方ない現実です。

　しかし一方で、中小企業の求人はと言えば、実は多くなっているということを聞きました。

　これがいわゆる、雇用のミスマッチということですね。私は、志ある人であれば、大企業という選択肢にこ

だわらず、思い切って中小企業やベンチャー企業へ入社してみることを、強くお勧めします。

　学生のころ、私はそれに気づかず、有名企業や大企業ばかりを選択肢にしていましたが、そうした企業に入れなかったことこそが、私のキャリアを構築できた最大の要因だと、今では思っています。

　会社の成長を最前線で担える存在になれること。

　会社の成長と自分の成長が、リアルにリンクしていて、それを実感できること。

　縦割りではなく、広範囲の仕事に従事できること。

　社長や幹部役員とダイレクトに話ができること。

　ざっと経験したことだけでも、今までの会社で私は、これだけのメリットを実感しています。

覚悟と挑戦で臨んだ営業職

　社長秘書としてやれることは全部やった、と実感したとき、私には「セールスの世界に挑戦したい」という強い欲求が生まれていました。

「俺は、自分の言葉と志で、どれだけの人の心を動かせるのだろう？」

「どれだけのお金を生み出すことができるのだろう？」

「単純に順位のつく仕事がしたい。そして1番になりたい！」

　こうした欲求が、ふつふつと湧き上がってきたので

す。そして、どうせチャレンジするのなら、「自分が信じるものを売りたい」と思うようになり、私自身が本当に救われてきた「ナポレオン・ヒル成功哲学」を紹介する営業インストラクターとなるべく、歩み始めました。

　このときの決意と覚悟の強さは、とにかく尋常ではなかったと記憶しています。

　入社して臨んだ研修2日目の夜の日記を見返すと、こんなことが書いてあります。

　　2006年7月19日（水）午前1時05分
　　常に、ギリギリの覚悟。自分の歩んできた人生への誇りと覚悟を忘れるな!!　最後の、そして絶好の大チャンス。この場所から、今この瞬間からジャンプアップへの扉をこじ開ける。
　　① 自分に行ってきた投資への意味づけ
　　② 自分の可能性に意味づけ
　　③ 自分が立ち向かってきた逆境への意味づけ

「逆境への意味づけ」——客観的に振り返ると、この部分から当時の私の並々ならぬ覚悟と決意を窺い知ることができます。

「失敗や逆境には、それ以上の利益の種子がある」——自分自身が拠り所にしてきたこの真理を確かめるための格好の土俵に上がることができた私にとって、この土俵で結果を出せなければ、それは即ち、今までの失敗や逆

境が、私に何の教訓も利益ももたらさなかったことを意味していました。

　そういう意味で、「最後の、そして絶好の大チャンス」と書いたわけです。

　そして、このステージで結果が出なければ、自分の今までの人生を考え直さなくてはいけないという、ある種、悲壮な覚悟を持って営業職に挑戦したのです。

「20代でセールスの世界で1番になる」

　これが私の目指した、たった一つのゴールでした。

回り道だと思われたすべてのことが、成功につながっていた

　2008年11月。ナポレオン・ヒル財団に入社して2年4か月がたっていました。

　私は、西新宿のハイアット・リージェンシーで行われた年間トップセールスを表彰するコンベンションで、東京に在籍している全社員を前に、次のようなスピーチをしました。

　「"思考は現実化する"というナポレオン・ヒルの言葉に21歳のときに出会い、それに憧れ、この会社の扉を叩いたのが2年前です。今私は、この真理の素晴らしさと、それが真実であることを強烈に実感しています。そしてその意味において、私はこのフロアにいる誰よりも自分の思考を現実化させることができた人間であると、誇りに思っています」

そのときの景色は、もちろん今でも忘れません。

　私のメンターがどの辺りに座っていて、どんな色調の
ライトで舞台が照らされ、どこを見つめて話していたの
か、それらすべてのことを目を閉じれば鮮明に思い浮か
べることができます。

　"思考は現実化する"という現実を目の当たりにした瞬
間でした。

　そしてそれは同時に、それまでに多くの逆境や試練が
あったからこその賜物であると実感した瞬間でもありま
した。

　そのときに感じたのは、この結果を手にできた最大の
要因は、それまで経験したすべての逆境や試練の中にあ
るということでした。

　万が一、私が自分自身の境遇をただただ憂い、他人や
環境を言い訳にして逃げていたとすれば、きっとこの素
晴らしい風景を、"主人公として"見ることは、決して
なかったでしょう。

　そうではなく、すべてが自分の問題であると積極的に
受け入れ、決断と行動を続けたからこそ、私は試練や逆
境を味方に付けることができたのだと確信しています。

　私が専門とするセールスの世界では、現場でこんな言
葉が頻繁に言われています。

「トップセールスマンとは、一番断られた人である」

　そして、これまた私の専門とする成功哲学の世界で
は、こんな有名な言葉があります。

「成功者は、成功する前から成功者である」

前者は、どんな試練に遭っても断じて諦めず、行動し続けることの重要性を説いた言葉です。

後者は、理想の状態を現実化するためには、まず自分自身でそれを事前に決めることの重要性を説いています。

世の中には、様々な法則がありますが、その一つに「正負の法則」というのがあります。私はこれを「振り子の法則」とも呼んでいますが、右に振れたものは必ず左に振れるというのが自然の習いで、つまり、失敗や逆境を経験した分だけ、成功する確率も自然と上がるというわけです。

大好きな坂本龍馬さんの墓前で誓った、理想の人生をデザインするということ

その表彰式の直後の11月15日。私は一人、本格的な冬が到来する直前の京都にいました。八坂神社の裏、高台寺の奥にある霊山護国神社に埋葬されている坂本龍馬さんの墓前に、年間トップセールスを獲得したことを報告するためです。

ちょうど会社が10月末で決算となることもあり、「念願だった年間トップセールスを獲得したら、尊敬する龍馬さんの命日に、その墓前で報告しよう！」と、年初めに決めていたのです。

根拠のない自信と、絶対に負けたくないという強い気持ちだけで営業職に挑戦し、目標を達成できたという事実を、10歳のころから敬愛していた龍馬さんに年初の

公約通り伝えることができたこのときの達成感たるや相当なもので、想像していた以上に感動しました。同時に覚えた高揚感と、震えて鳥肌が立つような感覚は、生涯忘れないことでしょう。

　その場で私は、驚くべき光景を目にしました。それは、龍馬さんの墓前に向かう、200人を優に超える行列でした。

　中学校の修学旅行に始まり、それまで過去5回お参りしていましたが、命日の墓前はまったく様子が違うのです。
「人の肉体は滅びながらも、志は決して滅びることはない。むしろ本物の志や生き様というのは、年月を経るごとに人から人へと伝わり、大きく膨らんでいくんだ！」

　言わば「志の行列」とも言うべき人の列を見て、私の胸は熱くなり、より大きな志が湧いてきました。
「俺も、100年後、200年後も、自分の命日には墓前に行列ができるような生き方をしたい!!　そして、時間や世代を超えて、多くの人たちに勇気を与える生き方をしたい!!」

　そのためには、現状に安住してはいけない。自ら志の旗を高々と掲げて、大海原へ漕ぎ出すためには、既存の看板に頼るのではなく、独立して「浅川」という人間の志を表明するしかないと決断したのです。

　私はそのために、今まで育ててもらい、大きな飛躍のチャンスを与えてくれたナポレオン・ヒル財団に、半年間かけて恩返しをすべく、福岡支店への異動を願い出る

ことを決断しました。福岡への異動を願い出た最大の理由は、かつて4か月間だけ赴任した際、そこで出会ったある上司への恩返しのためでした。

その上司から頂いた言葉は、成功哲学を伝えるインストラクターとしての自分を構築するために、もっとも影響を受けた言葉であり、今でも脳裏から離れることがありません。それは、

「成功哲学を伝えることが俺たちの仕事だと考えている人間はダメだ。それはただ『人生ゲーム』のボード上でコマを進めるような机上の仕事にすぎない。俺たちの仕事は、成功哲学を自らの人生で実践し、挑戦することなんだ。そして、その人生を見せることが、お客さまへの最大の貢献なんだ」

「成功哲学を自らの人生で実践する」

「何よりも、挑戦する姿を、目の前のお客さまにお見せする」

この信念は、独立した今では、よりいっそう強烈に私の胸の中で息づいています。

ある成功者は言っています。

「人は何を知るかが大事ではなく、誰を知るかが大事である」と。

「出会い」──すべてはそれに尽きるのです。

成功哲学とは、その「出会い」を生産的なものにするために存在するのだと私は思っています。そしてもっと言えば、その生産的で価値ある「出会い」を引き寄せら

れる自分になるために、成功哲学は存在するのです。

　私の今までの人生は、本当に素敵な出会いに恵まれたことで、展開していきました。その出会いとは、もちろん「人」との出会いであり、突き詰めればその「人」の「言葉」との出会いです。

　それらはすべて、本や雑誌、映画やセミナー、講演会、あるいは大切な同僚や恩師、メンター（師匠）を介して出会ったものばかりです。

　私自身がそうであったように、これから紹介する100の言葉が、皆さんの脳と心にたくさんの勇気をもたらす栄養素となることを願ってやみません。

　そしてまた皆さんの人生が、一つひとつの言葉との出会いによって輝きを増すことを願っています。

「**人生の質は、良質な言葉をいくつ知るかに比例する**」

　これが私の信念です。

これからの夢

「人生は素晴らしいものだ！」
「なぜなら、自分が考えた通りのものになるからだ！」
　私は、成功哲学のインストラクターとして、プロコーチとして、そして営業コンサルタントとして、この真理を多くの方々にお伝えしていくことがミッション（使

命）であると考えています。

そして、まだ多くを語ることはできないのですが、私の究極のヴィジョンは、大きく分けて次の2つです。

一つは、アジアをまたぐ「成功大学」を創ること。

そしてもう一つは、小学生から老人まで、すべての世代のすべての方が、成功法則を自然に学べる世の中や環境を創ることです。

前者の夢では、日本の優れた農業技術や水産技術なども、アジアに向けて発信できればと考えています。ちなみにその大学でお話ししていただく講師の方は、すべて私がそれまでに培った人脈を通してお願いしたいというのが夢です。

このヴィジョンを実現するためには、まず自分自身の圧倒的な成長と成功が、必要不可欠になります。

"思考は現実化する"という人類の叡智を、自らの人生で体現すべく、これからも私は失敗や逆境と上手に付き合いながら、たくさんの大好きな方たちと一緒に歩みを進めていきます！

もちろん、良質な言葉をたくさん心に吸収しながら。

2011年1月吉日

Life Design Partners 代表　浅川智仁

武器になる言葉
ピンチをチャンスに変える
100の叡智
Contents

面倒なことを地道にやり続けること。
それを何年も続けると、
それがそのまま参入障壁となる。

Although the world is full of suffering,
 it is also full of the overcoming of it.

世界は苦しみに満ちているが、
それに打ち勝つものにも満ちている。

無知なものにとって老年は冬であるが、
学んだ者にとって老年は春である。

すべての学問は人間交際のためにある。

多くの人間がベストを尽くす。
極限まで努力する。
しかし、本当の努力は、
その極限からどこまで行けるかということなんだ。

今日でも私は、
「何によって人に憶えられたいか」を自らに問いかける。
これらは自らの成長を促す問いである。
なぜならば、そうなりうる人物として見るよう
仕向けてくれるからである。

If you do not think about the future, you cannot have one.

将来について考えなければ、将来はない。

1杯目は人が酒を飲む。
2杯目は酒が酒を飲む。
3杯目は酒が人を飲む。

Don't judge each day by the harvest you reap,
 but by the seeds you plant.

毎日をその日の収穫高で判断せず、
まいた種で判断しなさい。

過ちて改めざる
これを過ちと謂う。

人は城 人は石垣 人は堀
情けは味方 仇は敵なり。

世の人は、我を何とも云わばいえ。
我が成すことは、われのみぞ知る。

真実というものは、そのもの自体の重みで存在する。
その神秘的な言葉は沈黙である。

The most pathetic person in the world is someone who has sight, but has no vision.

この世でもっとも悲劇的な人は、
目が見えていてもヴィジョンがない人である。

安心 ── それが人間のもっとも身近にいる敵である。

4タコ（4打席ノーヒット）でまわってきた5打席目を
心から喜べることですね。

I'm an optimist. But I'm an optimist who takes his raincoat.

私は楽観主義者である。
しかし私はレインコートを持って行く楽観主義者だ。

A great man shows his greatness by the way he treats little man.

自分より身分の低い人に接する接し方に、
人の偉大さは現れる。

綸言汗の如し。（りんげんあせのごとし）

どんな技術やパワーよりも、
逆境に強い力を持った選手に
なりたいと願っています。

When the going gets tough, the tough get going.

状況がタフ（困難）になると、
タフ（強い）な者が道を切り開く。

人生・仕事の結果＝考え方×熱意×能力

神は細部に宿る。

努力しても勝者になるとは限らない。
しかし、勝者は、
例外なく必ず努力をしている。

I don't pay much attention to critics.
The world is divided into two kinds of people:
those who can and those who criticize.

私は批評家にはあまり注意を払わない。
この世の中には2種類の人間がいる。
できる人間と批判する人間だ。

この世で生き残る生物は、
もっとも頭の良い生き物でもなく、
もっとも強い生き物でもなく、
もっとも変化に対応できる生き物だ。

私は、仕事においても人生においても、
必ず「違うこと」を想定しておきます。（中略）
それに、私の中には「起こることは全部いいことだ」
という信念があります。

2週間だけ人の話に耳を傾ければ、
2年間かけてみんなの気を引き、
ようやく得た友達よりもたくさんの人と友達になれる。

試練は年齢と共に高まる。

明日について心配するな。
今日何が起きるかさえ分からないのだから。

不得意なことの改善に
あまり時間を使ってはならない。
自らの強みに集中すべきである。
無能を並みの水準にするには、
一流を超一流にするよりも、
はるかに多くのエネルギーと努力を必要とする。

神が我々に絶望を送るのは、
我々を殺すためではなく、
我々の中に新しい生命を呼び覚ますためである。

人間の真の勇気というのは、
決定的な瞬間に出てくる勇気ではない。
戦場で敵と対決をしたときのそれとは違うのだ。
日々新たに確信を持って仕事を成し遂げていく。
たったひとりでもやり抜いていく。
これが本当の勇気というものだ。

感情は理性に従うとは限らないが、
行動には必ず従う。

もし私が顧客に欲しいものは何か、
と聞いていたら彼らはもっと速く走れる馬を、
と答えていただろう。

執念ある者は可能性から発想する。
執念なき者は困難から発想する。

人、遠き慮りなければ、
必ず近き憂いあり。

人間の自尊心というのは、自分を軽蔑できる能力だ。

劣等感がすべての英雄をつくる。

成功の程度を測る尺度は、
どんなにむずかしい問題を解決したかではない。
去年と同じ問題が今年もまた
持ち上がっていないかどうかである。

やってみせ 言って聞かせて させてみて
誉めてやらねば 人は動かじ。

使い過ぎるといけないものが3つある。
それはパンのイースト、塩、ためらい。

自分の思いを上回る成果を上げることは不可能だから、
思いはなるべく大きく持たなければならない。

将来性のある仕事などない。
将来性の有無はその仕事をする人にある。

人間を測る究極的なものさしは、
試練と批判にさらされたときにどういう態度をとるかだ。

あなたの大望を小さな枠にはめようとする人は避けること。
人間が小さいほど、その傾向がある。しかし、偉大な人間は、
あなた自身も偉大になれるという気にさせてくれる。

野球というスポーツは、人生そのものです。

私が球場に入ってまずすることは、
今日初めて球場に足を運んできてくれたであろう
お客さんを探すことです。
そして、その日はその人のためにプレーをします。
そのお客さんに喜んで帰ってもらうために、
時に視線を向けてプレーをするわけです。

Things may come to those who wait,
but only the things left by those who hustle.
待っていればすべてあちらからやって来ると言われるが、
やって来るのはどんどんやる人間が残したものだけ。

Little successes pave the way to bigger success.
小さな成功が大きな成功の扉を開く。

天は自ら助くる者を助く。

今から20年後、
あなたはやったことよりもやらなかったことに失望する。
ゆえに、もやい綱を解き放ち、安全な港から船を出し、
貿易風を帆にとらえよ。
探検し、夢を見、発見せよ。

人生は
デザインするもの

If you can dream it, you can do it !

夢見ることができるならば、
それはきっと叶えられる！

▶── ウォルト・ディズニー

アメリカ生まれの漫画家・アニメ製作者・映画監督・実業家で、「ミッキーマウス」の生みの親でありディズニーランド開設者として知られる、ウォルト・ディズニーの言葉です。

これは、浪人生として不安定な毎日を過ごしていた私が、心の拠り所としていた大切な言葉です。

日本には「意志があるところに、道がある」という格言がありますが、通じるところがあるように思います。

みなさんは夢を持っていますか？

そして、その夢が実現できると「心の底から」信じることができますか？

もし万が一、夢を実現できると信じていないなら、今日この瞬間から信じていきましょう！ なぜなら、人間の脳とは面白いもので**「実現できない夢は、夢として持**

つことさえ一切できない」ようにできているからです。

　つまり、私たちが夢を持てたその瞬間、その夢は実現可能だということなのです。

　現在32歳の私は、今から世界的ピアニストになろうなどとは、露ほども思いません。

　また、子どものころ憧れていたプロ野球選手に本気でなりたいと思うことも、もうありません。

　これは、「私」という存在を構成する全神経細胞が、実現不可能だという信号を発している証拠だと言えるでしょう。

　「心」から思ったことは叶います。

　「心の底から」夢見ることができれば、夢は実現できるのです。

　私はディズニーの冒頭の一言に出会い、自分の夢を、誰よりも疑いなく、「心の底から」信じるようになり、それらを確実に実現してきました。

　直感を信じましょう。また、根拠のない自信を徹底的に信じましょう！

　なぜならそれらは、「その夢は叶う」という全神経細胞が発する、つまり神様からの、シグナルだからです！

The elusive half-step between middle management and true leadership is grace under pressure.

中間管理職と真のリーダーシップの微妙な半歩の違いは、プレッシャーの下で優雅さを保てるかどうかだろう。

▶── ジョン・F・ケネディ

　もっとも尊敬する偉人の一人、第35代アメリカ合衆国大統領ジョン・F・ケネディの一言です。

　私にとって「リーダー像」を明確にしてくれた言葉であり、また、マネジメントをするうえで常に大切にすべき原理原則として、自分の軸に据えた言葉でもあります。

　「役職とは単なる役割」であると私は思っています。
　言うなれば役職とは、ドラマの「配役」のようなものであり、そこには上下の感覚はないと思うのです。
　割り当てられた「役割」があるだけで、実行力もリーダーシップもなければ、人が動かないのは当然です。
　では、一体どうすれば「役割」を超えた存在となり、

人や組織を動かすことができるのか。

　それは、**人を導く「リーダー」へと、自らの存在を昇華させていく**ことです。そうして初めて、リーダーとして認められるのです。

　そのための「微妙な半歩」が「grace（優雅さ）」であると、ケネディは述べています。
（ちなみに「grace」には「人を惹きつける美点・魅力・愛嬌」や、「〈上の立場の人が示す〉親切、思いやり」という意味もあります）

　現場で責任のある仕事をしていると、いろいろな問題に直面します。それこそ、予測不能な事態に遭遇することは日常茶飯事です。
　そのときこそが、「リーダー」にとっての最高の舞台なのです。メンバーと共に混乱し、感情を露にするか、それとも、「どんな問題でも解決しましょう」と優雅に振る舞い、その事態に正面から向き合うことができるか。

　メンバーが冷静さを取り戻し、安心できて、より建設的な意見が生まれるのはどちらのリーダーでしょう？誰もが想像に難くないはずです。

　「リーダーシップの神髄」──**それは不測の事態に陥ったときにこそ優雅さを保つこと**だと、ケネディは教えてくれています。

これを知る者は、
これを好む者に如かず。
これを好む者は、
これを楽しむ者に如かず。

意味：「知る」ことは「好む」ことの深さには及ばない。
　　　「好む」ことは「楽しむ」ことの奥深さには及ばない。

▶─── 『論語』

　私の座右の書の一つ『論語』の中の、「仕事で結果を出す」ための一言です。

　まったく同じような仕事をしているのに、上司から信頼される人とそうでない人がいます。
　まったく同じようなことを言っているのに、部下から尊敬される人とそうでない人がいます。
　まったく同じものを販売しているのに、誰よりも売り上げる人とそうでない人がいます。
　まったく同じようなことをしているのに、チャンスに恵まれ出世する人とそうでない人がいます。

　この「差を生み出す違い」とは、一体何なのでしょうか。

それはズバリ、**目の前のことを好きになり、楽しんでやっているか否かの違い**です。

　楽しいことであれば、労苦もいとわず、時間を忘れて誰よりも率先して取り組めるはずですよね。

　そして、そのような嬉々とした態度や行動は目の前の人にも伝播し、喜ばれる機会が増え、その質も徐々に高まり、その結果、ますます楽しくなっていくのです。

　このような善の循環が一度生まれると、仕事への探究心がどんどん増していき、独創性がいつしか育まれていきます。

　どんな職業であっても、仕事を楽しんでやっている人は、誰が見ても輝いています。

　これがいわゆる「オーラ」と呼ばれるものとなり、**人やチャンスが、まるで渦のように引き寄せられてくる**のは、自然の流れと言えるでしょう。

「仕事を好きになる。そして、圧倒的に楽しむ習慣を身につける」

　その思考や行動習慣を身につけた途端、誰よりも大きな結果を、仕事で、そして人生で生み出せているはずです！

階段の最初の1歩を
信頼してください。
その階段すべてが
見えなくてもいいのです。
まず最初の段を
上がってください。

▶—— マーティン・ルーサー・キング Jr.

**一人の志ある人間の行動が、周囲の人々の心を動か
し、国を動かし、そして時代を創っていった**という事実
を、私たちはたくさんの歴史から知ることができます。

キング牧師は、「差別」という人間のひどく根源的か
つ生理的な困難を乗り越え、時代を創った、偉大なる指
導者の一人です。

物事の全体を考えすぎて、最初の1歩が踏み出せない
という人は少なくありません。実を言うと、成功哲学の
世界に出会うまでの私が、まさにそうでした。
常に悪い結果を考えて行動できない、そんなタイプの
人間だったのです。

振り返ってみると、「ゴールまでが順調にイメージできないと、最初の1歩すら踏み出せなかった」ということが何度もありました。

　しかし、よくよく考えてみると、物事を達成するうえで、最後のゴールを最初から完全に知る必要などまったくありません。

　この真理を知ったとき、私は素晴らしい勇気を得ることができました。

　イメージしてみてください。

　夜、車を走らせているとき、ヘッドライトはほんの10メートル先までしか照らしていません。しかし私たちは、いずれは数百キロ先の目的地までたどりつけることを疑いなく知っています。

　人生もこれと同じだということを、キング牧師はその人生を通して教えてくれたのです。

　たとえ最初の1歩しか今は分からなくても、その1歩が2歩目を教えてくれ、さらに2歩目が3歩目を教えてくれるのです。

　とにかく、1歩目を信じて行動しましょう！

　すると必ず何年か先には、今日踏み出したこの1歩目を、愛おしく振り返ることができるはずです。

僕のこの1年間の作品を見てもらいたい。

▶── イチロー

前人未到の10年連続200本安打達成まで、残り14本に迫ったときにイチロー選手が発した一言です。

私はこの言葉に出会ったことで、仕事をするうえでの普遍的原理を知ることができました。

そしてまた、仕事への揺るぎない姿勢をも教えてもらった気がします。

「work」という単語の意味が「仕事」だということは、誰もが知っていることでしょう。

しかし、この単語には他に「作品」という意味があることは、あまり知られていないかもしれません。

さらに「the works」と定冠詞が付き、複数形になると、ずばり「芸術作品」という意味になるのです。

私たちは、「人生という時間」を通じて、「自分」という作品を創り上げていると言えるのではないでしょうか。

人生においてもっとも長い時間を費やすのは、ほとんどの場合「仕事」です。

　つまり私たちは、**「仕事」を通して「自分」という「芸術作品」を創り上げ、磨き上げている**わけですね。

　ぜひ前向きな姿勢で、「積極性」と「好奇心」という筆を携えて、自分という作品を描く、そう意識してみてください！

　今取り組んでいる仕事がいかなるものであっても、自分独自のアイデアを盛り込もうと考えるのです。

　そうしているうちに、気づけばそこには、独創性と創造性が加味された「芸術作品」である自分が出来上がり、イチロー選手と同じように周囲の人に感動を与えているはずです！

面倒なことを地道にやり続けること。それを何年も続けると、それがそのまま参入障壁となる。

▶── 後藤玄利

　これは、不況下でも成長を続けるケンコーコム創業社長、後藤玄利氏の一言です。

　まさにベンチャースピリットを一言で表現したもので、これからの時代を生き抜く私たちにとっては、一人ひとりが胸に刻み込むべき言葉だと私は考えています。

　日々仕事をする中で、私たちには「進んでやりたい仕事」と「できれば避けたい仕事」があります。正直なところ、これは誰もが思い当たることだと思います。

　大局から見ると、その「できれば避けたい仕事」というものは往々にして、周囲の誰もが避けたいと思っている仕事である可能性が高いのではないでしょうか。

あえてそれに進んで取り組んでみるか、それとも嫌だからと避けたままでいるのか。

　ここでどちらの対応を取るかで、非常に大きな違いが生じます。

　誰もが好まない仕事の中に、「楽しみ」と「独創性」を見出し、積極的にアタックしてみる。

　すると気がつけば、あなたはその仕事において、誰もが追い付けないところに上がっていることでしょう。

　そして誰もが追い付けない１段階上に進めば、誰もが触れられない良質の情報やチャンスにめぐり合える確率は、格段に上がります。

　時代はどんどんハイテク化し、誰にでもできることはコンピュータやロボットなどで十分に代用が利くようになりました。

　さらに、グローバル化によって、同じことをするのであれば、賃金が安い国へ雇用は流出してしまいます。

　これは、好むと好まざるとにかかわらず時代の流れです。

　同僚が嫌がる仕事に進んで取り組み、そこで自らを磨き続けてみてください。

　すると何か月か後に、あなたは確実に違った風景を見ることができるでしょう。

Although the world is full of suffering, it is also full of the overcoming of it.

世界は苦しみに満ちているが、それに打ち勝つものにも満ちている。

▶── ヘレン・ケラー

「奇跡の人」ヘレン・ケラーの一言です。

なぜヘレン・ケラーは、あれほどのハンディキャップを背負いながらも、歴史に名を残す偉業を成し遂げられたのか。その理由を窺い知ることができる、私の大好きな言葉です。

この言葉を想うたびに、私は、人間の信念一つが、これほどまでに人生を強靭なものにするのだということを、強烈に思い知らされます。

私たちが日々直面する出来事には、実はそれ自体に「意味」があるわけではありません。

イメージで言うと、「真っ白なキャンバスが目の前に用意された」ようなもので、それに「意味づけ」をしているのは、私たち自身です。

まったく同じ出来事が起きても、プラスにとらえる人とマイナスにとらえる人がいます。

　私たちは、今まで接してきた人たちの価値観や自らの経験などから生じる、思い込みや既成概念のフィルターを通して物事を見ています。

　そのため、物事のとらえ方がそれぞれ違うのです。

　成功者と言われる人たちは例外なく、困難や逆境と言われる出来事の中にチャンスを見出すことのできるフィルターを持っています。

　まるで「当たり前」のように、それが一般に言われる困難であっても、プラス思考や積極的なとらえ方をし、目の前の出来事に「意味づけ」をしているのですね。

　この「意味づけ」を左右するポイントは一つ。それは自分に対して行う質問です。

「ここから何が学べるのか？」
「これは私にとって、将来へのどんなチャレンジにつながる出来事なのか？」

　こう問いかけた瞬間、今まで逆境や困難でしかないと思っていたことが、ヘレン・ケラーの言うように、一気に克服するためのチャンスや学びの場へと変わっていくのです。

無知なものにとって
老年は冬であるが、
学んだ者にとって
老年は春である。

▶──『タルムード』

　この言葉は、ユダヤ民族によって長く語り継がれている、賢者の知恵を集大成した格言集『タルムード』の中の「年を重ねる」ことについて語られた一節です。

　みなさんは、年をとることに対してどんなイメージをお持ちでしょうか？

　近年、「アンチエイジング」や「アクティブエイジ」といった前向きな表現を、頻繁に耳にするようになりました。

　けれど一般には、どちらかと言うとネガティブなイメージを持っていらっしゃる人が少なくないように思います。
　特に、年をとることで「可能性が狭まってしまう」というイメージを持つ方は多いのではないでしょうか？

ところが歴史的に見ると、年をとることが特にネガティブなイメージとして認識されるようになったのは、近代以降だと言われています。

　実はそれ以前は、**年を重ねることは知識が豊富になることであり、一目置かれ、尊敬に値すること**だったのです。

　特に東洋では、「老人」を「翁（おきな）」と表し、畏敬の対象となっていました。

　老人が老獪（ろうかい）な技を用いて若者に拳法を教え込む映画や、『スター・ウォーズ』における「ヨーダ」の存在には、そういった思想背景があるのです。

　時として私たちは、「もう年だから」という言葉を発し、自らの可能性にふたをしてしまうことがあります。

　しかし、**「学び続ける」ことが、そのまま「年を重ねる」ことであるならば、「老年」はまさに、人生でもっとも可能性に富んだ年代**とも言えます。

　季節はめぐります。

　一日一日絶えず学び続けることによって、人格と魂を磨き続けましょう！

　そうすれば、これから先は冬へ向かうだけだと思っていた人生の旅路が、気づけば冬を通り抜け、再び春がめぐってくるようになるはずです。

　少なくとも私はそう考えて、人生の旅路を歩んでいます。

すべての学問は
人間交際のためにある。

▶── 福澤諭吉

　近代日本の「知」を創造した巨人、福澤諭吉の一言です。

　私はこの言葉に出会うことで「何のために学ぶのか？」という、かねてからの疑問に対する答えを得ることができました。

　その結果、常に目的意識を持ってインプットすることができるようになり、それに伴って、よりいっそう効果的なアウトプットが可能になったのです。

　私たちは何のために学ぶのでしょうか？

　福澤諭吉は、人との出会いを有意義なものとし、そして、その出会いを発展させるために学ぶのだと教えてくれています。

　目の前に、人生を劇的に変えてしまうような出会いが訪れたとしても、それを活かせる準備が整っていなければ、それを発展させることはできません。

　もしかしたらその出会いに、まったく気づかないかもしれないのです。

出会いというのは、まるで石ころにつまずくように突然やってくると私は思っています。

　その突然やってくる出会いの活かし方次第で、人生は大きく変わっていきます。
　だからこそ成功者は、**人との出会いを財産だと思い、それを活かせる自分を日々創っている**のです。

　知識の幅を広げるためには、準備をしておくこと、様々なことに対し意識を研ぎ澄ましておく必要があるでしょう。

　知識の幅が広がれば、出会いの幅が広がり、それがそのまま可能性の幅を広げることにもなります。

　私は常に意識しています。
　今日読んだ本の一節が、明日の出会いを発展させる一言につながるかもしれない。
　今日聞いた一つの話が、明日からの人生を変える一言になるかもしれない。

　何のために学ぶのか——。
　それを知ることで人生は劇的に変化し、エキサイティングなものになっていくことでしょう。

多くの人間がベストを尽くす。
極限まで努力する。
しかし、本当の努力は、
その極限からどこまで行けるか
ということなんだ。

▶── アイルトン・セナ

「音速の貴公子」こと、F1界伝説のスーパースター、アイルトン・セナの一言です。

　みなさんは、次のような言葉を心の中で呟くことはありませんか？
「もう休憩時間だから、この電話で終わりにしよう」
「どうせ残業代は出ないから、今日はここで切り上げよう」
　実は、こう思ってから先が、人生における勝負の分かれ目だと、私はアイルトン・セナに教えてもらいました。
「まわりの人が仕事を終わらせる、ここからがチャンス！　もう1本電話をかけてみよう」
「いつもならここで切り上げるが、もう一ひねりしてアイデアを出してみよう」

　何でも構いません。普段であれば何も考えずに終わる

段階から、意識的に一つ先へ行ってみるのです。

　この習慣を愚直に繰り返すことで、思いもよらない出会いやチャンスがめぐってくるのです。

　これを私は何度も経験してきました。

　特にセールスをしていた当時、就業時間が終わった後のもう1本の電話で大きな契約を取ったり、半ば諦めながらも、まったく別の視点で語りかけた一言から商談が思わぬ展開を見せ、成約に至ったということは何度もありました。

　この世の中で**自らを際立たせ、目立った成果を上げるためには、隣の人と同じことをしていては駄目**です。

　他者との差別化をする以外にないのです。

　差別化というと「アイデア」が思い浮かびがちですが、「行動」でもまったく同じことです。周囲と同じところで歩みを止めたら、隣の人よりも先へ進めないのは当然のこと。

　いつもと同じところで終わっていたら、昨日の自分を超えることはできません。

　今日の極限を超える。

　人生のポールポジションを取るために、「極限からの努力」を今から始めましょう!!

今日でも私は、 「何によって人に憶えられたいか」 を自らに問いかける。 これらは自らの成長を促す問い である。なぜならば、 そうなりうる人物として見るよう 仕向けてくれるからである。

▶—— ピーター・F・ドラッカー

　　ピーター・ドラッカーは21世紀のビジネス界においてもっとも影響力を持ち続ける経営学者です。

　　みなさんは自分自身にキャッチコピーを付けたことはありますか？　もし考えたこともないというのであれば、ぜひ試してみることをお勧めします。

　　自分のセールスポイントが具体的に何なのかを一言で伝えられなければ、相手はあなたの強みを理解することはできません。

　　私たちは基本的に、自分自身のことを「錯覚」して生

活しています。

　自分は「積極的だ」とか「消極的だ」とか、「社交性がある」とか「人見知りだ」とか。

　これを「自己イメージ」と言いますが、実はこれは、私たちの経験や体験からくる思い込みであり、陥りがちな「錯覚」なのです。

　ところで、どうせ「錯覚」するなら、「なりたくない自分」と「理想の自分」、どっちの「錯覚」の方が素敵な人生を送れそうでしょうか?

「根拠のない自信」は、大いに結構なのです。

　むしろ、歴史を振り返ってみると、「根拠のない自信」と、そこから生まれる「直感」によって成功した人は、本当にたくさんいます。ちなみに能力開発の世界では、これを「成功の先取り体験」と言い、立派なノウハウにもなっています。

　今日から自分が「理想の自分」であると"錯覚"してみましょう!!

「まわりからどんなふうに記憶されたいか」を自分に問いかけ、それをキャッチコピーとして、心の中で繰り返し唱えるのです。

　さらに、周囲に発信してみるのもいいでしょう。

「自分自身をブランディングすること」

　そこから理想の人生デザインが始まります!

我々にとって最大の栄光は、一度も失敗しなかったことではなく、倒れるたびに必ず起き上がったことである。

▶── オリヴァー・ゴールドスミス

これは、18世紀を代表するイギリスの作家、オリヴァー・ゴールドスミスの一言です。

この言葉は、能力開発の世界に身を置く私が自己成長を目指すうえで、日々自分自身に言い聞かせている言葉です。

現状や自分の立ち位置を分析する際、私は直面している失敗や逆境の質を、まず注意深く見ていきます。

なぜかというと、失敗や逆境の質こそが、自らが現在立っているステージを如実に表しているからです。

自己成長を志して行動すれば、失敗や逆境は増えていきます。そして、そのハードルはどんどん上がっていくことに気づくでしょう。

自主的に動ける範囲が限られていた小さいころは、遭遇する危険も限られていました。

　それが成長と共に行動範囲が広がると、当然それに比例して危険なことも増えていきます。

　つまり、**得られるものが増えると同時に、危険なものも増えていく**わけですね。

　能力開発に取り組み自己成長に励むということは、失敗から逃れる術を身につけることではなく、失敗したときにどう立ち上がるのか、その術を身につけることなのです。

　自分の現在立っているステージを客観視するために、ぜひ、失敗の質を明確にしてください。

　その質が去年とまったく同じであれば、成長が止まっているというサインです。

　今までにない失敗や逆境に出会ったとき、今後はぜひ、自分が一つ階段を上がった証拠なのだと、積極的にとらえてみてください！

　さあ、今みなさんの目の前には、どんな失敗や逆境が立ちはだかっていますか？

　そう考えてみると少し楽しみになってきませんか？

結局のところ──と僕は思う──
文章という不完全な容器に
盛ることができるのは
不完全な記憶や
不完全な想いでしかないのだ。

▶── 村上春樹

　私の大好きな作家、村上春樹氏の『ノルウェイの森』
からの一節です。

　私たちは、自分自身の考えを表現するとき、基本的に
は言葉や文章を使って発信します。

　ところが、**物事を深く考えれば考えるほど、それを表
現するには言葉や文章では、どうしても不十分**であると
感じてしまうのが現実です。

　「なんて言ったらいいのか、うまく表現できないんだけ
ど……」というもどかしい思いにとらわれることが結構
あると思います。

「表現したい思い」と「限界のある言葉という手段」の狭間で、苦しんでしまうわけですね。

　日常生活においては、私たちは不完全な「言葉」というフレームを用いて、物事を表現していかなければいけないのです。

　村上春樹氏の言葉から私が学んだことは、「完全性に縛られていると、いつまでたっても行動することはできない」ということです。

　なかなか行動できない人の共通点として、こういった完璧主義的なところがしばしば見受けられます。

　繰り返しますが、私たちが日常、コミュニケーションの手段として用いている言葉も、それ自体、完璧ではありません。

　であるならば、すべての行動にも完璧などはあり得ないのではないでしょうか。

　完全を目指しながらも、そのプロセスの不完全性は認めてあげる。

　成功者と言われる人たちは、周囲がその人を成功者と呼ぶようになってからでさえ、自身の不完全性を誰よりも感じ、それを補うために行動しているのです。

チャンスがドアをノックしていても、ほとんどの人が気づかないのは、チャンスがたいてい作業服を着ていて、骨の折れる仕事のように見えるからだ。

▶―― トーマス・A・エジソン

これは、誰にも追随できないような圧倒的な数の試行錯誤を繰り返し、世界の「発明王」と称されるに至った、エジソンの一言です。

映画やTVドラマで観るように、チャンスというものは、ある日、劇的に強烈なインパクトをもってやってくると思っている人が多いように思います。

ご多分に漏れず私もそう考えて、いわゆるチャンスのときを、今か今かと手ぐすね引いて待っていた時期がありました。

しかし、成功者の歴史を振り返ってみると、本当のチ

ャンスは、日常の些細な仕事を積み重ねることで生まれ
ていることが容易に分かります。
　言い換えるなら、「泥臭い」作業や日課を積み重ねる
中でチャンスは育まれていたわけです。

　目の前のひどく日常的な作業に対して、熱意と積極性
をもち、試行錯誤を繰り返すことで、他の人には考えも
つかないような鋭敏な意識のアンテナが育っていくので
す。

　つまり、目の前の作業や泥臭い仕事の中にこそ、驚く
ようなチャンスが眠っているのです。

　華やかでキラキラとした成功のシーンというものは、
当たり前の日常を真摯に積み重ねた人だけにやってく
る、見た目にはとても表層的な現象だと言えるでしょう。

　お決まりのような日常の仕事を、徹底的に熱意をもっ
て繰り返す。
　今より１センチでも高いステージ上のチャンスにめぐ
り合うには、これしかないのです！

教学相長
（きょうがくあいちょうず）

意味：人に教えることと、人から学ぶことは、互いに作用しあうと
　　　いうこと。また、教えることは自分の修行にもなるということ。

▶―― 『礼記』

　古代中国において儒学者がまとめた、礼に関する書物
『礼記』の中の一節です。

　インストラクター時代からプロコーチとなった今もな
お、私がクライアントの方々と向き合う際に座右の銘と
している言葉です。

　**コミュニケーションとは、「言葉を発する側」と「受
け取る側」の両方が存在して初めて成立する**ものです。

　ところが、情報を発する側が、受け手の存在を忘れて
しまうというのはよくあることです。

　実は、かく言う私も、以前は度々そういった間違いを
犯していました。
　自分の伝えたいことに集中しすぎて自分本位になって

いるにもかかわらず、理解してもらえないのは相手のせいだと、責めたてていたことすらあります。

　受け取る側に意思が伝わらないとしたら、その会話は存在しないのに等しいと言えます。

　お互いにとって、これほど悲劇的で虚しいことはありません。

「教学相長」という言葉に出会ったことで、言葉を発している最中でも、受け手から何を学べるかを意識するようになりました。

　相手との意思疎通がスムーズになったのはそれからのことです。

　これは、クライアントの方とのセッションでも、組織の中での会話でもまったく同じことです。

　支店管理者を務めていた際、私はメンバーから様々なことを教えられました。

　クライアントの方々からは、セッションでいつも多くの気づきを受け取っています。

　ぜひ意識してみてください。

**　言葉を発するとき、実は受け取っているのは自分の方で、物事を教えているとき、実は教えてもらっているのは自分の方である**、と。

理論なき実践は盲目であり、実践なき理論は空虚である。

▶── イマヌエル・カント

これは、近代を代表するドイツの大哲学者、イマヌエル・カントの有名な一言です。

私は仕事でも学びでも、それを行う際には2つの視点を意識するようにしています。

それは、今自分が取り組んでいることが「結果」にフォーカスしているのか、それとも「過程」にフォーカスしているのかということです。

仕事でも学びでも、**複雑性が増し難解度が上がってくると、何を目的に今の行動を取っているのかを見失い、とても無為な時間を送ってしまう**ことがあります。

たとえば、プロセスに異常に時間がかかっていながら、それが結局、結果につながらないような行動を取っている人を見かけることはありませんか?

本人にしてみれば、とにかく行動はしているので「長い間やっている」感覚はあるわけです。

　ただ、その行動自体が目的になってしまい、目標からずれていることに気づかず、まったく意図と外れた行動を取り続けてしまうことはよくあります。

　自己投資に関してもそうで、何のためにこの自己投資を行っているのか、その目的（＝求める結果）を明確にしなければ、自己投資していること（＝過程）自体に満足感を覚えてしまう危険性が出てきます。

　そんな落とし穴に陥らないために、一歩下がって冷静に自分自身を見つめ直すことはとても大切です。

　今、自分が取っている行動は目標にしっかりとフォーカスされているか？
　行動すること自体に満足していないか？
　そもそも求めている結果とは何なのか？

　情熱を持って取り組みながらも、クールに自分を見つめる視点を持つことで初めて、理論と実践が連動し、結果を得る力になると私は考えています。

時間はあなたの人生の貨幣である。あなたが所有する唯一の貨幣であり、どう使うかを決められるのはあなただけだ。あなたの代わりに他人に使われないように、気をつけなければいけない。

▶—— カール・サンドバーグ

20世紀初頭に活躍したアメリカの詩人、カール・サンドバーグの一言です。

時間について語られた、非常に含蓄のある言葉です。

時間（人生）が限られていることは、誰でも頭では分かっていると思います。

ところが、それを毎日意識して行動している人はどれだけいるでしょうか？

お金について毎日意識する人は多いと思いますが、時間をお金と同じレベルで意識している人はそれほど多く

ないように思います。

　よく言われることですが、お金とは非常に不平等なものです。どんな家に生まれたか、どんな仕事に就いているかによって、お金があるかないかはかなり左右されるでしょう。

　ただし、たとえ今は貧乏でも、自分次第でそこから抜け出し逆転できるのも事実です。

　人が喜ぶアイデアを生み出すことで、言ってみればいくらでもお金は生み出せるのです。

　では一方、時間はどうでしょうか？

　これは疑うことなく、誰にも平等なものです。

　総理大臣でも大統領でも、どんな大企業の社長でも赤ちゃんでも、1日＝24時間であるのはまったく同じ。

　しかし、隣の人が1時間かかることを30分で終わらせる人がいるように、**意識と使い方によって大きく差が出るのが、この「時間」なのです。**

　どんなに能力があり、どれほどのお金があったとしても、過ぎ去った時間を取り戻すことはできません。

　ゆえに**成功者と言われる人は、お金以上に、時間を優先する**のです。

　世の中にアドバイスやノウハウは溢れかえっていますが、行動するかしないかは自分次第です。

　行動を開始するのは一体いつですか？

　時間という貨幣を、他の誰かに使われてしまわないように注意しましょう！

君子は時に従う。

▶── 孔子

　結果を出していくリーダー像を的確に表現した、孔子の言葉です。

　ちなみにこの言葉は、私がもっとも尊敬する坂本龍馬が好んで使っていた言葉のようです。

　私たちは、「一貫性」に対してたいへん大きな価値を置く傾向があります。
　当然この「一貫性」は非常に大切で、それがないと人間関係において信頼を結ぶことが困難だとも言えます。

　しかし、「何のために」この「一貫性」を保つ必要があるのかを、よく考える必要があるでしょう。

　求める結果や原理原則をコロコロと変えてはいけない、つまりぶれてはいけません。けれども、その**目的を達成するための手段というのは、時代や状況に合わせて機動的に変化させるべき**なのです。
　時々刻々と激変する社会情勢において、頑なに変化を

拒むのは、実はとても危険なことです。

　坂本龍馬も「四民が平等に生きる社会を創る」という志を実現していくために、その手段を幾度も変えていきました。
　勤王の志士として奔走しながら、突然幕僚の勝海舟に弟子入りしたのは、目的達成のために最短の手段を選択できる、彼の柔軟な思考がもっとも表れたエピソードです。

　「朝令暮改」（命令や法律が次々と変わって定まらないこと）は、このケースから言うとそれほど問題ではないのです。

　高度情報化社会において、変化のスピードが今後ますます速まることは明らかです。

　昨日の正義が今日の正義にならないことに、今後私たちは幾度も直面することでしょう。
　そのような変化に惑わされず、リーダーとして結果を出していくためには、**軸は守りながらも手段は柔軟に選択していく**、そんな思考が非常に大切になってくるのです。

If you do not think about the future, you cannot have one.

将来について考えなければ、将来はない。

▶―― ジョン・ゴールズワージー

20世紀初頭にイギリスで活躍した小説家で、ノーベル文学賞も受賞したジョン・ゴールズワージーの一言です。

今から13年前、私は大学入学を目指し、浪人生としての毎日を過ごしていました。

そんな私が、英語の勉強のために聞いていたラジオ番組でこの言葉に出会い、勉強机のど真ん中に貼って毎日唱えていた言葉です。

当時はまだ、ナポレオン・ヒル成功哲学はもちろん「思考は現実化する」という言葉も知らないころ。この言葉は圧倒的な力をもって、私の心に飛び込んできました。

当然のことですが、**考えたこともない夢を実現することはできません。**

ならば、逆もまた真なりです。

考えている夢は必ず実現すると純粋に信じた私は、その後、現状から遙か彼方にあった目標を達成することができました。

　「思考」を「現実化」させるためには、「思考の『質』と『量』」を意識しなくてはいけません。

　誰よりも圧倒的に長い時間（＝「量」）、社会正義に反しない夢を、誠実かつ素直で「良質」な思考方法をもって、意識し続けることが大事なわけです。

　ぜひ、ご自身の思考をチェックしてみることをお勧めします。

　食事中や移動中、何を考えていてもいい時間に自分は何を考えているか。

　少しでも時間があれば、目標や夢のことを考える。
　この**「少しの時間」**にさえ**「理想の将来を考えている」**ことが、思考の「量」の差になり、人生において実現できる結果の差になるのです。

1杯目は人が酒を飲む。
2杯目は酒が酒を飲む。
3杯目は酒が人を飲む。

▶── ユダヤの格言

ユダヤの格言から「お酒の法則」についての一言です。

「飲みニケーション」という言葉が聞かれるようになってどれぐらいたつでしょうか。

私自身、初めてこの言葉を聞いたときは「非常に日本的な造語だなあ」と苦笑した記憶があります。

これが必要か不必要かという議論は横に置いておきますが、確かにお酒を飲みながら会話をすると、職場ではなかなかできない情報交換ができるのは事実です。

お酒が入ることで、信頼関係が深まり、仕事がスムーズに運ぶようになった経験は私自身何度もあります。

しかし、こと「職場内という内輪の飲み会」であるならば、今後の仕事に結果として役立てる必要があります。

飲み会をマーケティングの場ととらえ、費用対効果を意識しなければ、時間とお金の浪費となってしまうわけです。

　歴史的に見ても、常に周囲から侵略の危険にさらされてきたユダヤ民族にとって、酒の席は情報交換の格好の場であったとも考えられます。

　しかしそれは、「情報を手にする」という明確な結果を求めた、手段としての酒の席であり、飲むことが目的ではありませんでした。

　お酒の席であっても、その中から仕事で活かせるものを探し出すことがプロとしてはとても大事です。

　普段は見ることのできない人間性が垣間見える格好の場でもあるのですから、会話の技術を磨いたり、人物評価の目を養ってみたり、またはクリエイティブなアイデアを見つけてみるのもよいでしょう。

　お酒との向き合い方一つにしても、こうした発想を持つことで、得られるものが格段に違ってくると、私は考えています。

Don't judge each day by the harvest you reap,
but by the seeds you plant.

毎日を
その日の収穫高で判断せず、
まいた種で判断しなさい。

▶── ロバート・ルイス・スティーブンソン

『宝島』や『ジキル博士とハイド氏』などの名作で有名なイギリスの作家、スティーブンソンの一言です。

　私たちが手にしている **「結果」というのは、すべて今まで行ってきたものが現れている状態** にすぎません。

　言い換えると、過去にまいた種が花となって咲いたものが「結果」なのです。

　成功者と言われる人たちは、これを明確に理解している人だと言えるでしょう。

　現状を淡々と受け入れ、改善すべき点は改善するという習慣が出来上がっているので、悪い「結果」であっても必要以上に悲観することはありません。

そして、今の「結果」が顕在化した瞬間に、それが次への種になることを知っているので、結果が悪かったとしても悲観する時間さえ意味がなくもったいないと考えるわけです。

　現状に満足していようがいまいが、瞬間瞬間に次への意識を持ち、次にどんな種をまくかを積極的に考えましょう。

　"悲観の種"をまくのか、それとも、その流れを変えるために、"学びの種"をまくのか──これは私自身、いつも肝に銘じていることです。
　スタートは今この瞬間です。

　すでに顕在化している「結果」をコントロールすることはできませんが、今この瞬間にどんな種をまくかは、コントロールできます。

　今手にしている収穫高で人生を評価するのではなく、今日どんな価値ある種をまくことができるのか、それを意識して過ごしていきましょう！

過ちて改めざる
これを過ちと謂う。

意味：過ちを、ごまかして改めないことを、「本当の過ち」という。

▶──『論語』

『論語』の中の、非常に有名な一節です。

ある有名な講演家の方が、こんなことを言っていました。
「人生でうまくいきたかったら、"瞬時の言葉"を変えろ！」
「職場で上司から指示をされたら、瞬時に『ハイ！』と元気に答えられなければダメだ」

私はこれを聞いたとき、「非常に含蓄のある言葉だなぁ」と感じ、大いに感銘を受けました。

なぜなら、"瞬時に"「ハイ！」と返事をするには、その答え方が癖になっていなければそう答えられないからです。

仮に、「いや～」とか「私には……」という言葉が癖

になっていたらどうでしょう。

　気がつかずに、そんな返事をしている人は結構いるものです。

　信じられないかもしれませんが、社会ではこのたった2、3秒の差で信頼を勝ち得る度合いが変わってくるのが現実です。

　そして失敗に対する向き合い方に関しても、まったく同じことが言えます。

　瞬時に「どうしたら改められるか！」と考える人と、瞬時に言い訳や逃げ口上を考える人。
　この差が、それぞれの人生の縮図だと思っています。

　古典を読んでいると、私は「人間の進歩とは何か」ということに思いを馳せることがあります。

　確かに、文明は進歩しているかもしれません。

　しかし、私たち人間の「本質的な課題」はまったく解決されてはいないように思います。

「過ちを犯したら素直に改める」
　誰もが小学生のころに教わったこの人生の真理を、2500年以上も前に生きた孔子から改めて諭されねばならないのが現実です。

　当たり前のことを当たり前のようにすることの大切さを、私は『論語』を通じて痛感させられています。

人は城 人は石垣 人は堀
情けは味方 仇は敵なり。

▶—— 武田信玄入道晴信

・・・

　私の生まれ育った山梨県の英雄、武田信玄の言葉です。

　戦国最強の騎馬軍団を率い、あの織田信長にもっとも恐れられた武田信玄には、武田二十四将と称される有名な家臣団がいました。

　明治期に自由民権運動で活躍した板垣退助の先祖板垣信方や、もっとも人気のある戦国武将ともいわれる真田幸村の祖父・幸隆などが名を連ね、信玄公を強力に支えていたのです。

　まさに盤石の一枚岩だった武田家臣団ですが、では何がそれを可能とさせていたのでしょう。
　冒頭の言葉に表現された信玄公の信念に、その理由を見つけることができます。

　当時としては信じられないことなのですが、武田信玄は地元甲斐の国で城に居を構えていませんでした。

なんと「つつじが崎の館」と呼ばれる普通の家屋に住んでいたのです。

　その理由が明快で、「家臣一人ひとりが城の役目をするから城は必要ない」というものでした。

　身内からでも命を狙われる下剋上の時代に、この信念です。

　命を懸ける中で、これだけ絶対的な信頼関係が構築されていれば、家臣たちのパフォーマンスが高くならないはずはありません。

　部下を"絶対的に"信頼する上司と、仕事で"絶対的な"信頼を勝ち得ようとする部下。

　信頼関係や人間関係が希薄になったと言われる今の時代にあって、これは私たちが自らに問うべき原点ではないでしょうか。

　数年前、ビジネスの世界でどのビルにオフィスを構えるかが注目された時期がありました。社員のモチベーションを高め、対外的な信用を生み出すためには、効果的な一つの手段だとは思います。

　しかしそれ以上に大事なことは、組織を構成する一人ひとりが、信頼関係でがっちりと結ばれているということです。

　信玄公は、組織を構成する一人ひとりの心の中に、大きく堅固な城を建てていたのでしょう。

世の人は、
我を何とも云わばいえ。
我が成すことは、
われのみぞ知る。

► —— 坂本龍馬

・・

　私がもっとも尊敬する偉人、坂本龍馬の一言です。

　あるアメリカの著名な心理学者は、こんなことを言っています。
「人間のもっとも恐れていることは、実は失敗することよりも成功することである」と。

　その大きな理由の一つは「周囲の目」だと言うことができるでしょう。

　人は意識的・無意識的にかかわらず、まわりの目を気にし、集団の中で異質な存在になることを恐れて生きています。
　何か新しいことを始め、結果が出るようになると、どうしても周囲からの羨望や嫉妬の視線にさらされるわけです。

本当に恐ろしいもので、「成功する！」という強い決断ができずにいると、私たちは周囲を気にするあまり無意識にエネルギーが減退し、元に戻る力が働き始める傾向があります。

　まるで、アクセルを右足で踏み込みながら、左足で思いっきりブレーキを踏んでいるような感覚です。

　結論から言いますが、周囲の声ほど当てにならないものはありません。

　世の中にはアドバイスを進んでしてくれる人はたくさんいますが、その後の責任を取ってくれる人は、ほとんど皆無と言っても過言ではありません。

　ですから成功者と言われる人たちは、**周囲の声を基に判断を下すことが、いかに時間と労力の無駄であり、もっともダメージのある決め方であるか**を知っています。

　今でこそ幕末最大の英雄と言われる坂本龍馬でさえ、生きている時分には「ホラ吹き」と彼を罵(ののし)る人もたくさんいたようです。

　もちろん彼を罵った人々の名前を、私たちは知る由もありません。

　ぜひ、肝に銘じておきましょう。

「何を成したいのか」を決めたのであれば、雑音から耳を塞ぐことです！

真実というものは、
そのもの自体の重みで
存在する。
その神秘的な言葉は
沈黙である。

▶── セーレン・キルケゴール

． ．

19世紀を代表する大哲学者、実存主義哲学のキルケゴールの言葉です。

営業に携わり、今もプロコーチとして日々コミュニケーションを研究している私ですが、「最高のコミュニケーター」とはどんな存在かと問われたとき、迷わず、

「『沈黙』を効果的に使って相手を説得できる人」

と答えています。

言葉数が多く、言葉が自然と口から流れ出る人が、いわゆる会話上手だと認識される向きがあるようですが、実はこれは「コミュニケーション」におけるプラス部分の一面にすぎません。

言葉は相手に情報を伝えるため、または行動を促すためには確かに大切でしょう。

　しかし、そうした要素は押さえながらも、さらに「沈黙」を効果的に使えば、会話の質がずいぶん違ってくるのです。

　これは、「沈黙」という"間"を置くことで、こちらが発した言葉が相手の脳内で反響を繰り返して増大していき、言葉の意味を噛みしめる時間が生まれるためです。

　私は営業職時代、大事な場面になればなるほど、言葉数を少なくするように努めました。そして、意図的に会話の速度も落とすようにしていました。

　そうすることで、私が伝えたい「真実」をしっかりと理解してもらおうとしたのです。

「沈黙」が怖いという人もたくさんいますが、ぜひ「沈黙」という効果的なカードを、大事な場面で意識的に切ってみてください。

　相手に考える時間を与え、「真実」の重みを知ってもらうために、すこぶる効果的なカードが「沈黙」なのです。

The most pathetic person in the world is
someone who has sight, but has no vision.

この世で
もっとも悲劇的な人は、
目が見えていても
ヴィジョンがない人である。

▶── ヘレン・ケラー

　三重苦というハンディキャップを背負いながらも、世界的偉業を成し遂げたヘレン・ケラーの一言です。

　私はこの言葉を思うたびに、「人生において何が本当に大事か」ということを強烈に突きつけられます。

　休日に何の当てもなく、外へ出たときのことをイメージしてみてください。

　当てのない行動を取ると、「あのとき別に電車に乗らなくてもよかったのに」とか、「こちらの道を選べばもっと早くたどりつけたんだぁ」などと、後から気がつくことがよくありますよね。

着のみ着のままの一人旅は、たまにはいいものですが、こと人生においては、それがもっとも悲劇的なものだと、ヘレン・ケラーは教えてくれています。

　「生きる目的」（＝ヴィジョン）がないと、何が自分にとってチャンスなのかが分かりません。また、自分が避けるべきものは何かにも、気づくことができません。
　そのため、決断すべきときに決断ができないのです。

　成功者と言われる人たちは、それが人生における最大の損失であることを知っています。

　人生における「目的」は、知識として誰かから教えてもらえるものでも、ましてや補ってもらえるものでもありません。

　それは、日々「何が自分にとって大切か」、そして「何が人生における目的になり得るのか」を問い続ける人にだけ、見えてくるものです。

　とにかく、「生きる目的（ヴィジョン）」を問い続けましょう。

　そうした愚直な努力を続ければ、いずれヴィジョンが明確になってくることを、成功者たちはその人生で教えてくれています。

安心 ── それが人間の
もっとも身近にいる敵である。

▶── ウィリアム・シェイクスピア

世界の文豪、ウィリアム・シェイクスピアの一言です。

これは、物事がうまくいっているときにこそ、常に意識するようにしている言葉です。

「逆境」のときはチャンスを見出し、「順境」のときは将来のピンチの種を摘みとる。

これが成功者が共通して持っている視点です。なんとも思慮深いと思いませんか？

「逆境」においては、私たちは自ずと自分自身と向き合うことになり、それまでは思いもしなかったことに気づくことがよくあります。

そして、その思索や苦悶の中から好機を見出し、そこから大きな成功を手にしたという例は、歴史を繙くと枚挙にいとまがありません。

一方、「順境」のときには安心してしまい、人はあまり物事を考えなくなります。

　その結果、細部への注意が疎かになったり、将来の趨勢に影響するようなほころびが見えなくなったりしてしまうこともあります。

　"経営の神様"と言われ、戦後の高度経済成長を最前線で牽引した松下幸之助は、そのあたりを非常に意識していたようで、「順境」のときにこそ「逆境」に備えよという意味を込めた「ダム経営」という言葉をよく使っていたことは有名です。

　今が「逆境」のときであるならば、その中にチャンスを見出していきましょう。

　振り返ってみたときには、その体験自体がとても貴重な糧となったことが分かり、成功への礎になっているはずです。

　もし「順境」のときならば、それに安心せず、次のステージへの準備をしっかりとしておくことが肝要です。

　「安心」──これこそが、私たちのもっとも身近にいる最大の敵なのです。

4タコ（4打席ノーヒット）で
まわってきた5打席目を
心から喜べることですね。

▶── イチロー

・・

　これは、イチロー選手の"ピンチをチャンスに変えていく思考法"を、よく表している一言です。

　営業職をしていたころ、この一言にどれだけ勇気づけられたか分かりません。
　そしてまた、**自分のメンタルを一定に保つための秘訣**を学んだ言葉でもあります。

「ほかの選手と一番違うところは何だと思っていますか？」という質問の答えが、この言葉なのです。

　イチロー選手はどれだけ調子が悪くても、年間打率が3割を下回ることはありません。
　逆に、どれだけ調子がよくても年間3割6分以上の数字を出すこともありません。

　つまり、イチロー選手は3割〜3割6分の「パフォーマ

ンスの振れ幅」を持っている選手だと言えるでしょう。

　このことを熟知している彼は、「3回に1度はヒットが打てる自分」が、4回で1度もヒットを打てないとなると、「5回目の打席にはヒットしかない」ことを疑わないのです。

　ですから、無性にワクワクしてしょうがないわけですね。

　普通ならば、今日は調子が悪いと考えがちなところを、イチロー選手はまったく逆の思考で集中していくのです。

　私たちには、「パフォーマンスの振れ幅」というものがあります。これを明確に認識できれば、イチロー選手のように、結果にいちいち影響されずにすみます。

　生きていれば、良いときもあれば悪いときもあります。大切なのは、悪い結果に右往左往せず、自分自身の取るべき行動にどれだけ意識を集中できるかです。

　私は営業職時代、「コンタクト率」や「アポ取得率」、「成約率」や「平均単価」など、「自らのパフォーマンスの振れ幅」を、誰よりも明確に認識していました。

　これを知ることで、結果に左右されない強靭な思考が育ち、どんなときでも、とても自然に、自分のこれからの可能性にワクワクできるようになっていくのです。

I'm an optimist. But I'm an optimist who takes his raincoat.

私は楽観主義者である。
しかし私はレインコートを
持って行く楽観主義者だ。

▶── ジェイムズ・ハロルド・ウィルソン

イギリスの元首相、ハロルド・ウィルソンの一言です。

「真の楽観主義者」とはどんな存在なのか、その答えが明確に表された言葉です。

特に日本では楽観主義者のことを、無分別で無謀な人だとみなす風潮があります。

しかし、この認識はまったく間違いであり、**真の楽観主義者とは「どんなに困難なことでも諦めず、万全なプロセスに基づいて行動する人」**のことを言うのです。

たとえば今、困難な仕事が目の前にあり、その成功と失敗の比率が**1：9**だとします。

真の楽観主義者は、この状態でトライはしません。

　なぜなら、この比率ではまだまだ準備不足の状態であることは明らかで、ここでトライしてしまうと、何の戦略やシナリオも持たない無謀な人間になってしまうからです。

　そうではなく、**ありったけの知恵を働かせ、翌日には2：8に、次には3：7へと成功へのオッズ（確率）を上げていき、実際にアタックをするときには、少なくとも6：4までには持っていく。**
　そういったプロセスを踏んでいく人が、真の楽観主義者なのです。

　根性論や精神論だけで進んでいく人は、傍からは潔く見えるかもしれませんが、それでは、多くの犠牲が払われることも覚悟しなければならないでしょう。

　困難な事態に遭遇したときにこそ、安直に判断せず、準備を徹底的に行うことで成功への確率を上げていく。

　これこそが成功への切符を手にする唯一無二の方法だということを、楽観主義者と呼ばれる成功者たちは教えてくれています。

A great man shows his greatness by the way he treats little man.

自分より身分の低い人に
接する接し方に、
人の偉大さは現れる。

▶―― トマス・カーライル

ビクトリア時代を代表するイギリスの文筆家で、夏目漱石が影響を受けたとも言われるトマス・カーライルの一言です。

私たち人間の"本質"が垣間見える分かりやすいものさしとして、私が日ごろから肝に銘じている言葉です。

私たちの"本質"が透けて見える瞬間というのはどんなときでしょうか。

私は迷わずにこう答えます。

それは、「**逆境のとき**」と「**直接利益のない相手と向き合ったとき**」の２つの瞬間であると。

「**逆境のとき**」は、その人の胆力や本来持っている底力

が顔を出します。

　そして、「**直接利益のない相手と向き合ったとき**」**は、まぎれもなくその人の人間性が現れる**瞬間なのだと思います。

　私自身まだまだ未熟者ですから、完璧に分け隔てなくできているとは思っていません。

　ですが、成功者と言われる人に対してでも、そうでない人に対してでも、変わらぬ姿勢で向き合える自分でいたい、私は常にそう思いながら生活しています。

　ところで、日本史上最強の武者と称される宮本武蔵は、晩年「我以外皆我師」という有名な言葉を残しました。

「自分以外すべての人を師と思う」

　この言葉に私は、武蔵の生き様を感じずにはいられません。
　剣術修行で自己と徹底的に向き合い、魂を磨き上げた武蔵だからこそ言えた言葉でしょう。
　人生という旅路の中で、少しでもこうした境地に近づけるよう、一歩一歩魂を磨いていきたいと、強く戒められる言葉です。

綸言汗の如し。
（りんげんあせのごとし）

意味：天子の言葉とは汗のように一度出てしまえば訂正できない、
　　　取り返しがつかないということ。

▶──『書経』

．．

　リーダーの発する言葉の重みを表現した一節です。

　結論から言えば、**組織のリーダーはすべての言動に「根拠」を持つ必要がある**と私は思っています。

　なぜなら**リーダーとは、その一挙手一投足すべてでメッセージを発信する存在**であるからです。

「なぜ今笑い、なぜ今褒めたのか」
「なぜ今叱り、なぜ今黙っているのか」……

　極端な話、仮にメンバーに自分の取った言動の説明を求められたら、すべて明確にその根拠を説明できなければいけないと思うのです。

　この観点から言うと、リーダーがもっともやってはい

けないことは、"一時の感情に流されて"マネジメントをしてしまうことです。

　感情的に事を進めているときには、ほとんどの場合、それをしている客観的な「根拠」を示すことができません。
　言うことなすことすべてに一貫性がなければ、人は付いていかないでしょう。

　手段が変更されるのは構いませんが、原理原則や目的があやふやになり、リーダーが客観的な根拠や一貫性を失った言動を続けると、当然組織は混乱します。

「あのときは例外で……」などという**言い訳は、流れる汗のように二度と引っ込むことはなく、取り返しがつかない**のです。
　組織内のベクトルを一致させ、組織の精神的な支柱を明確に構築するには、リーダー自らが言動に客観的根拠を持ち、それを説明していく必要があると私は思っています。

「言葉は汗のようなものである」

　初めて聞いたときにはとても恐ろしく感じたこの言葉ですが、リーダーたる者、肝に銘じるべき厳然たる真理です。

どんな技術やパワーよりも、逆境に強い力を持った選手になりたいと願っています。

▶── 松井秀喜

メジャーリーガー、松井秀喜選手の一言です。

松井秀喜選手は「常勝」を求められるチームで活躍を続けています。

私はいつも感銘を覚えるのですが、どんなに強いプレッシャーのかかる環境においても、松井選手は決して感情を露にすることがないのです。

活躍できずどんなに散々な結果であったとしても、試合後には必ず記者からのインタビューに応じ、丁寧に質問に答え紳士的に振る舞っています。

これには、あのイチロー選手でさえ「自分には絶対できない」と舌を巻いていました。

こうした意識や言動は、高校時代の恩師である山下智茂監督（当時）や長嶋茂雄氏から叩き込まれたようですが、冒頭の言葉にある「選手としての理想像」を追いかける信念が影響していることは想像に難くありません。

　言うなれば、**松井選手は、野球を通して人格を磨き、人間を創っている**のです。

「仕事」を通して、どんな「人間」になりたいのか。

　実は、これを明確にすることは、仕事に取り組むうえでもっとも大切なことの一つだと私は考えます。

　なぜなら、**「仕事」以上に、人格を磨く手段はない**と思うからです。

　ぜひ、考えてみてください。
　あなたは「仕事」に取り組むことで、どんな「人間」になりたいですか？
　そして、どんな「人間」として周囲から記憶されたいですか？

　これを明確にすることは、どんな仕事を選ぶかよりも、圧倒的に大事なことだと思うのです。

When the going gets tough, the tough get going.

状況がタフ（困難）になると、タフ（強い）な者が道を切り開く。

▶── 「ケネディ家の家訓」

ケネディ家の家訓からの一文です。

ジョン・F・ケネディは、まさにこの家訓を実践するかのように、大統領への道を駆け上がっていきました。

歴史の結末を知っている私たちには信じがたいことですが、ケネディが大統領に就任するオッズ（確率）は、かなり低かったようです。

その"若さ"はもちろん、プロテスタントが主流を占めるアメリカ社会において"カトリック信者"であることも、当時としては大きなマイナス要因でした。

ただ、ご存じの通り、ケネディはその困難な状況を不屈の精神で乗り越え、己の理想の道を切り開きました。

その志と生き様は、今もなお時代や国を超えて支持されています。

　私たちはこうした歴史から大きな教訓を得ることができます。
　閉塞した今の時代、こんな状況だからこそ、**不屈の精神を持った者に、大きなチャンスがめぐってくる**のです。
　今は、平時では経験できない学びや成長を遂げることのできる絶好の時機と言えるでしょう。

　タフ（困難）な状況だからこそ、前へ進む気概を持ち、タフな状況だからこそ、一歩前へ踏み出す勇気を奮い起こす。
　「困難な時代だからこそチャンス」 なのです。

　自分の可能性をひたすら信じ、熱意をもって突き進んでみると、霧が晴れたときには、まわりの誰よりも前へ進んでいる自分に気がつくはずです。

　タフな状況を歓迎し、タフな自分を創り上げていきましょう！

人生・仕事の結果＝
考え方×熱意×能力

▶── 稲盛和夫

京セラ創業者、稲盛和夫氏の一言です。

先天的な資質を意味する「能力」と、自分の意思でコントロールでき後天的に得られる可能性のある「熱意」、そして心のあり方や生きる姿勢が現れる「考え方」の３要素が、それぞれに影響しながら人生は構築されていく。稲盛氏は、そのように述べています。

３つの要素が"足し算"ではなく"掛け算"になりながら、人生は構築されるということです。

稲盛氏曰く、「能力」と「熱意」は０〜100点で、「考え方」だけはマイナス100〜プラス100点の幅で計算をするとのこと。

つまり、**どんなに「能力」が高く「熱意」があったとしても、「考え方」がマイナスだとしたら結果は綺麗にひっくり返るのが「人生」**というわけです。

成功者と言われる人たちが、常に前向きで建設的な考え方を持ち、肯定的な発想で感謝の心を持つようにと伝えているのは、稲盛氏の公式を意識・無意識は別として、肌身で感じていたからかもしれません。

　ただ、そうは言っても私たちは聖人ではありません。

　ときにはネガティブな「考え方」が前面に出てくることは誰にでもあります。

　そこで私自身が救われたのが、**ネガティブな「考え方」よりもポジティブな「考え方」の方が、何倍も力強い**という真理です。

　ですから、ときにネガティブな思考に襲われても、その後にポジティブな考え方を意図的に上書きするイメージで思い浮かべれば、ネガティブ思考を打ち消すことは可能なのです。

　人生の公式。記憶しておくべきものです！

神は細部に宿る。

▶── アビ・ヴァールブルク

思想史や美術史、さらには芸術哲学にまで大きな影響を与えた20世紀の巨匠、美術史家のアビ・ヴァールブルクの一言です。

勝者と敗者を分けるのは決して大きな差ではありません。

歴史を繙くとよく分かりますが、「ほんのわずかな違い」が、勝利と敗北を分けるのです。

実は、私が冒頭の言葉を初めて耳にしたのは、前サッカー日本代表監督岡田武史氏からでした。

ちょうどＪ１クラブ監督の職を退き、代表監督に返り咲く前の解説者時代に行われた講演で、じかに聞いた言葉です。

講演中、「神は細部に宿る」という言葉を、特に強調していたのが印象的でした。

世界最高峰レベルの選手が集うワールド・カップで

は、ほんのわずかな差が勝敗を分けると言います。

　たとえば、一つのプレーに対するボールへのちょっとした意識や執着の強さの差だとか、走り出すコンマ数秒の差だそうです。

　さらに代表選手を選出する際も、微妙で些細な差が判断材料になるとも強調していました。

「勝利の女神は細部に宿る」

　ほんの些細な部分に誰よりもこだわり、その部分で個性を発揮していく。

　この**微妙な部分を絶えず意識し、そこにこだわり続けるか否かで、「人生」というステージにおいては大きな違いが生み出される**ことを、成功者たちは教えてくれています。

努力しても
勝者になるとは限らない。
しかし、勝者は、
例外なく必ず努力をしている。

▶── 長州力

プロレス界のカリスマ、長州力さんの一言です。

この言葉は、長州さんが引退セレモニーで語ったもの
で、私が大学浪人をしていたときに耳にし、強烈に勇気
づけられた言葉です。

私たちは、「今やっていることが、望む結果につなが
っているのか」ということについて見通しが立たないと
き、将来に不安を感じます。

「これだけ試行錯誤を繰り返し行動しても、結果につな
がらなければ無駄ではないか」
このような不安にとらわれた経験は、誰でも一度や二
度はあると思います。

長州さんは、決して素質に恵まれた選手ではなかったと、ご自身が語っています。

　プロレス界に入ったとき、ジャイアント馬場さんやアントニオ猪木さんなどの素質溢れる選手たちを目の当たりにし、非常に落ち込んだとのこと。

　ただ、そこで悩み落ち込んでいたら、そうした選手たちに勝つことは永遠にできません。

　ですから、結果が出るまで誰よりも努力をし続けるしかないと、自分自身に誓ったと言います。

　努力さえしていれば、天賦の才能を超えられるのかと言えば、その確証はありません。

　しかし、いずれにしても才能を超えている人たちは、すべて例外なく誰よりも努力をしているのです。

　私たちが生きる道のりは、不透明なことだらけ。

　しかし、何かをやり遂げた成功者たちは、その先行き不透明な道を、ひたすらに自分を信じて進んでいった人たちです。

　今取り組んでいることに不安を感じ、悩んで立ち止まることは誰にでもできます。

　しかし、**試行錯誤を繰り返し走り続けることでしか、その先の光の当たる場所には、たどりつけない**のです。

I don't pay much attention to critics. The world is divided into two kinds of people : those who can and those who criticize.

私は批評家には
あまり注意を払わない。
この世の中には
2種類の人間がいる。
できる人間と批判する人間だ。

▶──── ロナルド・レーガン

　傑出したユーモアのセンスを駆使したコミュニケーションによって、多くの人々から愛された第40代アメリカ合衆国大統領ロナルド・レーガンの言葉です。

「強いアメリカ」復活を信念に、冷戦時代の終結への大きなきっかけを作った大政治家のこの一言は、「事を成そう」とする人間に非常に勇気を与えるものです。

　何かを成そうとしたとき、**すべての人から賛成や賛同を取り付けることは不可能**です。
　なぜなら、誰もが躊躇し、考えもしなかったことにチャレンジするわけですから、反対や慎重意見が多くなる

ことは、確率論的に自然だからです。

　かく言う私も、以前は周囲の意見に敏感に反応してしまうタイプでした。

「まわりはなんて言うだろう？」などと、決まって考えていたものです。

　ただ、偉人の言葉や生き方に触れるにつれ、この反応がまったく無意味なものであることに気づくようになりました。

　そして今では逆に、賛成意見が多いときの方が不安に思ってしまう自分がいます。

「まわりからこれほど賛成されるということは、大したアイデアではないんじゃないか？」と、自問できるまでに変化してきたのです。

　批判や批評をする人は、決して"間違う"ことはありません。なぜなら「結果が出る前と出た後」に勝手なことを言う人が批評家だからです。

　彼らは行動をしないので、物事を成し遂げることとは無縁です。

　結局のところ、自分がどちら側の人間になりたいのか。

　それぞれの価値観に従ってまったく構わないと思います。

　レーガン元大統領が言うように、2種類のタイプがあるのですから、好きな方を選べばいいのです。

この世で生き残る生物は、もっとも頭の良い生き物でもなく、もっとも強い生き物でもなく、もっとも変化に対応できる生き物だ。

▶── チャールズ・ダーウィン

「進化論」で有名なダーウィンの一言です。

以前、「日本の貧困率は15.7%」（2007年調べ）という衝撃的な発表がありました。

この調査結果は「相対的貧困率」と言って、国民を所得順に並べ、真ん中の順位の人の半分以下の所得の人（貧困層）の比率を表した数字であり、あまり正確に実態を表していないとの批判はあります。

しかし、今まで目を背けていた事実が、客観的データとして明るみに出てしまった面も否定できません。

「時代の大きな変化がすでに始まっている」ことに、すでにほとんどの人は気づいていることでしょう。

ただ、昨日と今日の価値観が、目に見えて劇的に変わ

ったというケースに直面する人は、それほど多くないはずです。

　つまり、変化を感じることはあっても、昨日と同じような今日が来ることにあまり疑いをもっていないわけです。

　江戸幕府が終焉したとき、刀を差している武士が目に見えていなくなり、階級制度が劇的に変わりました。
　敗戦後の日本でも、目に見える形で占領軍の統治が始まりました。

　私たちが今直面している変化は、人類がいまだ直面したことのない構造的地殻変動などと言う専門家もいますが、私たちがそれを、肌で感じることはあまりありません。

　"目に見えないところで起きている劇的な変化"について、もっと敏感になる必要があると、私は自分で自分を戒めています。

　自分を繁栄させることができるのは自分自身です。
　同様に、自分を守ることができるのも、自分以外ありません。
　変化を恐れず、新しい自分になる決断をし、行動すること。
　それが実は、もっともリスクのない生き方だということを、ダーウィンはおよそ150年も前に、教訓として私たちに残してくれました。

私は、仕事においても人生においても、必ず「違うこと」を想定しておきます。（中略）それに、私の中には「起こることは全部いいことだ」という信念があります。

▶── 渡邉美樹

これは、私がもっとも尊敬する経営者の一人、居酒屋和民の創業者渡邉美樹さんの言葉です。

物事や現象との向き合い方、そして**強運を引き寄せる思考法**を、強烈に学んだ言葉です。

渡邉美樹さんの座右の書は『論語』です。

2500年以上もの長きにわたって、人々の行動や思考の規範となってきた古典に、渡邉さんは「生き方の軸」を置いていると語っていました。

私自身も、渡邉さんの著書『使う！「論語」』を常に身

近に置いて、事あるごとに読んでいますが、人類の叡智とも言うべきその深遠な真理には何度も救われています。

　私が渡邉さんにもっとも尊敬の念を抱くのは、揺るぎない「原理原則」の柱を持っているところです。

　時代の趨勢、環境や状況の変化にまったく動じない軸を持つことの大切さを、私はいつも渡邉さんの言動から学ばせてもらっています。

　その根底には、『論語』を通して体得した、人間としての基本軸をハッキリと感じ取ることができます。

　その確固たる信念が、「起こることは全部いいことだ」ととらえられる強さになっているのでしょう。

　経営者である以上、リスクヘッジの重要性から、常に「違うこと」を想定し、準備を綿密に行う必要があります。

　しかし同時に、一旦起こってしまったことには必ず何らかの意味があり、それはのちのち「全部いいこと」につながっていく、そんな信念を持たなければ経営をやっていくのはむずかしい、というのも事実です。

　強運を引き寄せる強靭な思考法を、私は渡邉美樹さんから学ばせてもらいました。

2週間だけ
人の話に耳を傾ければ、
2年間かけてみんなの気を引き、
ようやく得た友達よりも
たくさんの人と友達になれる。

▶── デール・カーネギー

『人を動かす』の著者、デール・カーネギーの言葉です。

コミュニケーションの極意を一言で表現したような言葉です。

人が一番興味や関心を持っているのは自分のことです。
これは誰もがうなずける、ほとんど例外のない事実ではないでしょうか。

そしてこの事実は、特に会話をしていると顕著に現れるもので、人は相手の言葉よりも自分の話す言葉にもっとも興味をもってしまうのです。

それを裏づける調査結果が、ミシガン州立大学などア

メリカの複数の大学で報告されています。
「人は相手の話を聞いた直後でさえ、半分もその内容を覚えていない」

　豊かな人間関係を築き、その関係性の中から成功を生み出していく人たちは、この事実をよく知っています。

　会話をすることで、相手が望んでいるものを受け止め満たしてあげることの重要性を成功者は知っているわけですね。

　あなたが目の前の相手に関心を持ってもらいたければ、話す内容を寝ないで考えるよりももっと単純で大事なことがあるのです。

　それは、**大いなる関心と興味をもって、相手の言葉に耳を傾ける**ことです。

　なぜなら**人は、自分の話に熱心に耳を傾けてくれる人を求めている**からです。

　これを実践すれば、なぜか"信頼を勝ち取れる"人になれる可能性は大です。

　そして、今抱えている人間関係のストレスや悩みから、驚くほどスムーズに解放されることでしょう。

試練は年齢と共に高まる。

▶── ゲーテ

　世界中の思想家や芸術家に影響を与え続けるドイツの詩人・作家、ゲーテの一言です。

　私はこの言葉に出会い、自分が今向き合っている試練や逆境というものに対する"新しいとらえ方"を見つけることができました。

　あなたは10年前に身もだえするほど悩んだ試練を、当時の感情と同じレベルで鮮明に思い返すことができますか？
　5年前、3年前……もっと言うと、去年についてはどうでしょう？

　当然鮮明に覚えている問題もあるでしょうが、私たちはほとんどの場合、昔の問題や試練を忘れていきます。

　なぜなら、忘れていかなければ生きていけない、ということもあるのですが、同時に**私たちは、以前の試練を乗り越えられるように成長している**からです。

私は試練にぶつかると「こんな大変な問題に出会える自分になったんだな」というように、まず自分の成長を誇るようにしています。

　「少なくとも３年前には、こんな試練には出会えなかったんだ」と言い聞かせ、自分の成長度合いを、「試練」を使ってフィードバックしてみるのです。

　試練や悩みのステージは、自己成長のステージと正比例します。
　夢や目標とまったく同じで、イメージできないことは夢にも思えないように、解決できない問題には悩むことすらできません。

　イラク戦争を続けるか否か、眠れずに悩むなんてことは私たちにはありませんよね。理由は「私たちには解決できない」からです。

　ぜひ、**悩みや問題、試練というものを、「成長の証」だととらえ、やっとその類の試練に対応できる自分になったと思うようにしてください。**
　すると、今まで苦しみ以外の何物でもなかったことが、新しい意味を持って存在していることに気づくはずです。

明日について心配するな。
今日何が起きるかさえ
分からないのだから。

▶── 『タルムード』

　　ユダヤの賢者の知恵を集めた、『タルムード』からの一節です。

　　私たちは、日々あらゆる出来事に出会い、その中で心が揺れ動いています。いい出来事があればいい気持ちになり、悪い出来事があれば気持ちも落ち込むわけですね。

　　私たちは、このように外的要因によって、どうしてもメンタルが右へ左へとブレてしまうわけですが、**その振れ幅を少なくすることが、人生において安定した結果を出し続けていくためには必要です。**

　　能力開発や成功哲学などを学ぶということは、こうした外的要因のいかんにかかわらず、自分の状態を一定に保つ術を身につけることだと私は思っています。

　　そこから培った思考法で、私が常に意識していること

があります。

　それは、**「コントロールできること」と「できないこと」を明確に分けて考える**ということです。

　思い悩んでしまっているときは、「コントロールできないこと」にフォーカスしていることが往々にしてあります。

　その代表的なものが、過去への後悔である「持ち越し苦労」と、未来への不安である「とり越し苦労」です。
　すでに起こったことは、今の時点でコントロールはできません。また、現在起こっていないことも今の時点で完全にコントロールするのは不可能です。

　今の時点でコントロールできない過去や未来のことで思い悩むよりも、コントロールできる「今」にフォーカスして、「今」を充実させるように取り組んでいく。
　それが、自分の状態を管理するための一番の思考法であり、結果につながる思考法です。

　ぜひ考えてみてください。
　今思い悩んでいることは、コントロールできることなのかできないことなのか。

　これを意識していくだけで、かなりメンタル状態は安定してくるはずです。

不得意なことの改善に
あまり時間を使ってはならない。
自らの強みに集中すべきである。
無能を並みの水準にするには、
一流を超一流にするよりも、
はるかに多くのエネルギーと
努力を必要とする。

▶── ピーター・F・ドラッカー

　ビジネスで飛躍的な結果を生み出すためのピーター・ドラッカーの一言です。

　現在、読売ジャイアンツで二軍監督を務めている川相昌弘氏を、みなさんはご存知でしょうか？

　川相氏は現役当時、世界最多記録の通算533本の犠牲バントを決め「バントの職人」の異名を取り、長くスター軍団、読売巨人軍で不動の遊撃手として活躍していました。

　これはあまり知られていないのですが、この川相氏は普通にバッターとして仕事をした場合、年間20本ほどのホームランを打つぐらいの力はあったようです。

ただ、そうした選手はジャイアンツにはたくさんいるため、ホームランで競っても何のオリジナリティも発揮できません。

　ましてレギュラーを獲得するのは夢のまた夢で、川相氏は自分の仕事場を獲得するために試行錯誤していたようです。

　そこでたどりついた答えが、得意の守備を徹底的に磨き、誰にも負けないバント技術を身につけ、つなぎ役に徹することでした。

　その結果、**強みを徹底的に活かすことで確固たる仕事場を手に入れ、それに磨きをかけ続けたことで世界記録まで達成してしまった**のですね。

　みなさんは、自分の強みを知っていますか？

　もっと言えば、そもそも自分の強みを見つけようとしたことがありますか？

　私たちの多くは「自分の弱み」に意識を向けすぎる傾向があります。

　ぜひ、意識してみてください。

　「自分の弱み」をカバーすることに躍起になって、平均化することを目指しているのか。それとも「自分の強み」に磨きをかけて独自化を目指しているのか。

　限りある時間の中で私たちにできることには、当然"限り"があるのです。

神が我々に絶望を送るのは、我々を殺すためではなく、我々の中に新しい生命を呼び覚ますためである。

▶── ヘルマン・ヘッセ

名作『車輪の下』で有名なノーベル賞作家、ヘルマン・ヘッセの一言です。

逆境や困難に遭遇したとき、精神的な拠り所となる、人生の美しさが表現された言葉です。

営業職時代、私は何度も痛感したことがあります。
それは、上手くいっていないときほど自分自身と向き合える瞬間はなく、また、新たな可能性へのきっかけに出会える瞬間もないということです。

成功者と言われる人々には、例外なく共通した思考・行動パターンがあります。
「逆境の中に利益の"種"を見つけ、それを育てる」という習慣です。

この習慣の中で大事な点は、当然ですが「種」である以上、育てる必要があるということです。
　大地を肥沃にし、光と水を丁寧に与えなければ芽は出てこないわけですね。
「肥沃な大地」とは、言い換えると私たちの「価値観や考え方」です。
　さらに「光や水」とは、「知識と行動」です。

　面白いもので、順風満帆のときには決して気づくこともなかった飛躍の種。その種が必ず近くに眠っていることに、逆境のときには気づけるのです！
　それを見つけるために、価値観や考え方を日夜磨いておきましょう。

　そしてその種を見つけたら、次には大きく育てることが肝要です。
　学ぶ習慣と、それを行動に移す習慣を構築することで、いつしか種は大きな芽として顕在化してくるわけです。

　絶望を、新たな生命の生まれる機会だととらえるヘルマン・ヘッセ。
　私はこの偉大な作家から、「人生を信頼し愛すること」の大切さを学びました。

ある仕事ができるかと聞かれたら「もちろんできます」と返事することだ。それから懸命にそのやり方を見つけよ。

▶── セオドア・ルーズベルト

第26代アメリカ合衆国大統領で、在任中にノーベル平和賞も受賞したセオドア・ルーズベルトの一言です。

ビジネスに取り組むうえの心構えとして持っておきたい、とても前向きな言葉です。

某ベンチャー企業の社長秘書として、経営企画に携わっていたころ、私は社長直属の新規事業プロジェクトに最前線で携わるという、非常に幸運なポジションで仕事をしていました。ところが、その仕事量は半端ではありませんでした。

お店の開店準備やイベント責任者などを担当し、常に5つくらいのプロジェクトを同時に進めていたのです。

一時は1日に20時間ほど働いていたこともありました。

　正直な話、まるで社長からプロジェクトの1000本ノックを受けているような気がしていました。

　今考えると幸せなことですが、仕事が後から後から、とめどなくシャワーのように降り注いできたわけです。

　ただ私は、冒頭の言葉を胸に刻んでいたおかげもあり、**どんな状況でも「ハイ！」と言うように努めていました。そして、その後からどうすればいいか、と大いに悩んだわけです。**

　そんな状況にもかかわらず、結果的にすべての仕事を完遂することができました。当然、今ならもっと質の高い仕事ができたとは思いますが、当時の私の中では最善の結果を出すことができたと思っています。

　脳に汗をかき、プレッシャーの中で仕事をしてきたことが、すべて今の私の財産になっています。

　結局のところ、ビジネスでは経験がものを言います。経験を積み重ねることでしか、プロセスや結果を鮮明にイメージできるようにはなりません。

　だからこそ、与えられた仕事は誰よりも率先して喜んで取り組むことが肝心です。

　「依頼を受けたら、できるかどうかを悩むより、まずやると決める」

　これこそが成功へのドアノブを握る唯一の手段なのです！

「利」より「義」を重んじ 商いをせよ。 それを「士魂商才」という。

▶── 福澤諭吉

「商いをする心意気」について述べた福澤諭吉の一言です。

明治初期、三越の経営改革に努め日本初のデパートを創った日比翁助が信条とした思想でもあります。

商品やサービスについて説明するのは問題ないのに、いざお金の話になると突然気が引けてしまう、そう感じたことはないですか？

実はこれ、セールスに関わっている人に見受けられる、代表的な苦手意識の一つなのです。

誤解を恐れずに言えば、この苦手意識は日本人のDNAレベルにまで達する根深いものだと私は考えています。

「士農工商」というヒエラルキー（階層）が長く存在していたことでも分かりますが、日本では商い（お金のやり取り）に対して、卑しいという感情が入り込む傾向があります。

　正当にお金を要求しようとしても、ガツガツしていると思われているのではないかと感じてしまい、率直に要求できなくなってしまうというわけです。

　明治初期、廃刀令によって大量の武士が浪人となり、多くが商人となることを余儀なくされました。

　日比翁助は、お金のやり取りに不慣れな者たちのマインドを変える必要性に迫られたわけです。

　そこで唱えた思想が「士魂商才」でした。

「利」を追求することを卑しいと感じる武士階級出身者に、**「義」を重んじることが商い**だと諭すことで、職業が変わっても志を変える必要がないことを説いたのです。

　この「士魂商才」というマインドを心の軸に据えることで、目の前のお客さまとしっかりと向き合い、お客さまのお役に立つことができるのです。

「利」よりも「義」を重んじる。
　私はこの意識を持った途端、商いの社会的価値を強く悟りました。そして、苦手意識も持たず正当に商いを行うことに、しかるべき意義を感じるようになっていきました。

I'm a great believer in luck, and I find
the harder I work the more I have of it.

私は大いに運を信じている。そして懸命に働けば働くほど運が増すことを知っている。

▶── トマス・ジェファソン

アメリカ独立宣言起草で大役を果たし、第3代合衆国大統領にもなったトマス・ジェファソンの一言です。

運を切り開き、ツキを引き寄せる秘訣が凝縮された言葉ではないでしょうか。

「運を切り開くのも、ツキを引き寄せるのも、結局は自分自身」

成功者と言われる人たちは、例外なくそれを知っています。
ですから、現在置かれた状況や環境を嘆くことも、ましてや他人を羨むこともしません。

なぜなら、そんなことに時間を割くのは無意味だと考え、自らの望む環境や状況を生み出していくことだけ

に、意識と思考をフォーカスさせているからです。

　さらにここが大事なのですが、**運やツキを引き寄せるためには、唱えて祈るだけでは駄目で、行動することによってのみなされる**、ということも知っているのです。
　トマス・ジェファソンはそれをたった一言で表現しました。

　つまり、幸運を信じながら、何度も何度も繰り返し行動する必要があると訴えているわけです。

　それには大前提として、自分が誰よりもツイていると信じきることが大事です。
　そして、誰がなんと言おうと、自分は運を切り開くに値する人間だと、信じきるのです。

　すると脳の機能上、意識と思考のフォーカスは自然と「幸運」の方へ向かい、チャンスをとらえやすい状態になっていきます。
　そのうえでさらに、**行動を重ねると、脳が無意識に狙いを定めた「幸運」を得るためのチャンスにヒットしていくようになっていきます。**

　繰り返しますが、運を切り開くのもツキを引き寄せるのも自分自身です。
　「幸運」に狙いを定め、アクティブに行動していきましょう！

酒は人間そのものに
ほかならない。

▶── シャルル・ボードレール

19世紀に活躍したフランスの詩人、ボードレールの「お酒」にまつわる一言です。

「お酒の飲み方に人間性が出る」と言われますが、とても真理をついていると私は思います。

私自身、それを実際に見て身に沁みた経験があるのです。

20代の初め、私はあるご縁から銀座の一等地にある某クラブで2か月ほどアルバイトをしていました。
銀座という土地柄、普通の生活ではなかなかお会いできないクラスの方が多く飲みに来られていました。

そこでもっとも学べたことは、いわゆる「カッコイイお酒の飲み方」をじかに見ることができたということ。

一言で表現するとそれは、「場の空気を読み、場の空気を創る」飲み方でした。

　テーブルを囲んでいる全員が楽しんでいるか。会話にしっかりと参加できているか。
　そういう気配り、心配りが、さり気なくされているのです。

　お店側のスタッフである私に対しての心遣いも完璧で、心憎いばかりでした。

　興味深いことに、**仕事ができ、信頼を勝ち得ている人ほど、そうした傾向が見えました。**

　お酒の席でも仕事の場でも、どちらも人間関係によってすべてが成り立つことを考えると、"できる人の気配り"は当然と言えば当然でしょう。

　私は今でも、お酒の席での人間観察をシビアに行っています。

　お酒の席こそ、人間性の本質が垣間見える格好の場だと言えるでしょう。

Do your best. And it must be first class.

最善を尽くせ。
しかも一流であれ！

▶── ポール・ラッシュ

私の育った故郷、八ヶ岳南麓の観光地、清里では、誰もが知っている有名な一言です。

これは清里の開拓民たちを支えたポール・ラッシュ博士の言葉です。

幼いころから慣れ親しんできた言葉でしたが、私が「一流の定義」を初めて意識したのがこの言葉でした。

「最善を尽くすこと」は、何かを成そうとする人間にとっては当たり前のことです。

ただし、**その"最善"が、結果を生むことに直結するかどうかを見極めることはとても大切です。**

物事に取り組む際、私が常に意識していることは、今の行動が「結果」にフォーカスしているものか、「過

程」にフォーカスしているものかを、チェックするということ。

「最善を尽くしている」と思って行動していると、その行動している状態（過程）に満足してしまうケースがあります。これには気をつけなければいけません。

**　今最善を尽くしていることは、自らが望む結果にしっかり直結しているか？**

　このように自問自答し、常に行動をフィードバックしていく習慣が、結果を生むためにはとても大事です。

　厳しい言い方かもしれませんが、結局のところ、結果が出なければ最善を尽くしても報われません。

　結果にフォーカスを合わせて、結果のために最善を尽くし、そしてそのうえで、結果を出していく。

　それが「一流」であることの証拠です。

I'm all ears.

全身が耳です。

▶── アメリカの慣用句

これは、アメリカのビジネスシーンでよく使われる面白い慣用句の一つです。

この言葉には**コミュニケーションの極意**が凝縮されています。
「あなたの話を全身、つまり五感のすべてを使って聴いていますよ」という、積極的なメッセージが込められているのです。

これほどの姿勢で耳を傾けてくれたら、話す方も真剣にならざるを得ません。

ミシガン州立大学などの研究結果によると、人間は話を聞いた直後でさえ、ほとんどの人は話の内容を半分も覚えていないそうで、翌日にはなんと25%ほどしか覚えていないというのです。

私はこれを大いに参考にし、コミュニケーションにお

いて特に意識して実行していることがあります。

　それは、**話の内容よりも、話を熱心に聞いてくれる人だという印象を相手に与えるようにする**ということです。

　会話が終わり、別れた後、少なくとも「あの人は私の話を聞いてくれる人だ」という印象だけでも記憶してもらおうと努めるわけです。

　ブログやツイッターなどの普及で、誰もが自分の言葉を簡単に発信できる世の中になった今、相手から関心を持たれたり相手の印象に残ったりすることは、むしろむずかしいことだと言えます。

　様々なコミュニケーションスキルやテクニックが溢れていますが、**コミュニケーションにおいて絶対に必要不可欠なスキルとは、全身を耳にして、相手に特別な関心を寄せること**だと、私は考えています。

"I'm all ears."

　全身を耳にして、相手の存在と話に圧倒的に興味を持ったとき、コミュニケーションの風景は劇的に変わってくるはずです。

フィードバックが
凡人を一流にする。

▶── ピーター・F・ドラッカー

一流になるために必要な思考や行動について表現された、ピーター・ドラッカーの言葉です。

この一言に出会ったとき、私はとても救われた思いがしました。

なぜなら、自分がどんなに凡人であったとしても、取り組み方次第では一流になれる気がしたからです。以後私は、常にこの言葉を胸にキャリアを積んできました。

目の前に起きた出来事に意味づけをしているのは、私たち自身です。

ですから、**目の前の出来事を「失敗」と意味づけるのも、「学びの教材」と意味づけるのも、私たち次第。**
このどちらを選択するかによって、その後の人生は大きく変わります。

「ここから何が学べるのか？」

「これは次にどうつながるのか？」

いわゆる「失敗」をしたとき、私はいつもそう問いかけるように心がけています。

そして、アクションを起こす前に立てた「仮説」を「検証」することで、自分自身のイメージと現実の結果の差異を分析していきます。

つまり、**実施と確認を繰り返すことで、イメージと望む結果を少しずつ近づけていく**わけです。

このような思考の癖が出来上がると、世間で言われる「失敗」に直面したときでも、「成長のための教材」にしかなりません。

今日はどんな「教え」に出会えるのかを、ワクワクしながら考えてみてください。

そして、その考えのもと、率先して行動し、プラスのフィードバックを繰り返してください。

するとドラッカーの言うように、間違いなく一流への道を進んでいけるはずです。

人間の真の勇気というのは、
決定的な瞬間に出てくる
勇気ではない。
戦場で敵と対決をしたときの
それとは違うのだ。
日々新たに確信を持って
仕事を成し遂げていく。
たったひとりでもやり抜いていく。
これが本当の勇気というものだ。

▶── ジョン・F・ケネディ

　私の敬愛するジョン・F・ケネディが語った、真の勇気についての一言です。

　この言葉は、目の前のことを淡々とやり抜くことの重要性を説いています。そして、それ自体が非常に価値あることなのだということを教えてくれます。

　あまり知られていませんが、ケネディは作家としても成功を収めた政治家です。

　アディソン病という難病の療養中に執筆した『勇気ある人々』は1950年代の全米で大ベストセラーとなり、

多くの作家が憧れるピュリッツァー賞も受賞しました。

　作品の中でケネディは、「誰の人生にも、自分自身の『勇気』を問われる瞬間がある」と投げかけ、それは「何も大きな舞台に限られてはいない」と喝破しています。

　私は、この一節に大きな衝撃を受けました。

　太平洋戦争で英雄となり、キューバ危機を回避し第三次世界大戦を未然に防いだ信念ある偉大な政治家が、**もっとも勇気を必要とする場所は日々の仕事の中にある**と言い切っているのですから。

　実の弟であるロバート・ケネディも言っています。

「戦場であれ、野球のフィールドであれ、演説であれ、大義のための戦いであれ、その場に臨んで、自らが勇気の持ち主であること、信念を変えない人間であること、そして信頼に足る人物であることを、なんらかのかたちで示すこと」を、兄であるケネディ元大統領は求めていたと。

　私たちが勇気を求められる場面とは、今この瞬間、目の前の出来事にどう向き合うかを迫られたときです。

　ただ漫然と流れてしまいかねない日常の中で、それは試されているのです。

「今をどう生きるんだ？」
「今この瞬間でどう勇気を示すのだ？」

　私はいつも、ジョン・F・ケネディから、そう問いかけられているように感じています。

感情は
理性に従うとは限らないが、
行動には必ず従う。

▶ ── W・クレメント・ストーン

世界最大級の大手損害保険グループ、エイオン・コーポレーションを創業し、晩年には社会奉仕活動も盛んに行ったことで1981年のノーベル平和賞候補にもノミネートされた、ナポレオン・ヒル財団初代理事長、W・クレメント・ストーンの一言をご紹介します。

私自身、コーチング・セッションやセミナーで度々引用している言葉です。

本を読んだり、セミナーなどに参加したりすると、その瞬間のモチベーションは上がります。しかし残念ながら、それが一時的だったということを経験された人は、少なくないと思います。

実は、かく言う私もそうでした。
アタマで「前向きに生きる！」「ポジティブになる！」

と考えてはいても、なかなか感情をコントロールすることが上手にできなかったのです。しかしこの言葉に出会い、私は大事なコツを体得しました。

それからは、意識的に「前向き」で「ポジティブ」な行動を取るようにしたのです。すると面白いことに、とても容易に感情のコントロールができるようになりました。

考えてみると、私たちは、言動によって目の前の人の状況を判断することができます。声を大きくハキハキとしゃべり、胸を張って意気揚々と闊歩する姿を見れば、落ち込んでいるとは思えませんし、逆に声も小さく伏し目がちな人からは、うまくいっている雰囲気を感じることはむずかしいでしょう。

私たちは「悲しい（感情）」から「泣く（行動）」のではなく、「泣く（行動）」から「悲しく（感情）」なります。そして、「楽しい（感情）」から「笑う（行動）」のでもなく、「笑う（行動）」から「楽しく（感情）」なるわけです。
ぜひ、試してみてください。

悲しくなったらスキップしてみる。不安になったら、あえて声を大きくしながら身体を動かしてみる。
これが私の、感情をコントロールするための一番の秘訣です。

もし私が
顧客に欲しいものは何か、
と聞いていたら
彼らはもっと速く走れる馬を、
と答えていただろう。

▶── ヘンリー・フォード

「自動車王」フォードの一言です。

　既成概念を打ち破り、新しい産業を創り上げることで新時代を切り開いた、フォードの強靭な信念が表現されているこの一言は、価値観の多様化した現代においてもビジネスに携わる私たち一人ひとりが、しっかりと記憶すべき含蓄ある言葉です。

「お客さまの立場に立て」

　ビジネスに携わったことのある人なら誰もが、一度は耳にしたことのある言葉だと思います。
　この考え方自体は、まさに真理だと思います。
　ただし、この言葉にとらわれてしまうことは、非常に危険なことだとも私は考えています。

実際私は、「何が大切で何を求めているのか、本当はお客さま自身もよく分かっていないケースが多い」と思っています。

私にとって「お客さまの立場に立つ」ということは、「既存のサービスに対し、お客さまは何に不満を感じているか」を理解することです。
それは潜在的な不満も含めてのことです。

供給側は、目の前のお客さまを教育していかなければいけません。
ここで言う教育とは、なぜこれに価値があり、なぜ購入すべきなのかを明確に伝えていくことです。

決して上から目線でものを言うことではなく、**正当な情報を正当なルートで伝えることこそが、「お客さまの立場に立つ」ということ**だと私は思っています。

フォードは、「新時代は自動車が切り開く」という信念のもと、その価値を、市場や顧客に諦めることなく発信していきました。
言ってみれば、教育し続けたわけです。

お客さまの立場に立ち、信念をもってその価値を世界中の人々に伝え続けたことが、世界中の人々の価値観をも変え、そして多くの人々の生活を変えていったのです。

執念ある者は
可能性から発想する。
執念なき者は
困難から発想する。

▶── 松下幸之助

「経営の神様」松下幸之助の言葉です。成功者の発想法がうまく表現されています。

　私はこの言葉を目にしたとき、たいへんな衝撃を受けました。
　なぜなら「執念がある者」と「執念がない者」との違いが、ずばり一言で表現されているからです。

「可能性から発想する」のか、それとも**「困難から発想する」**のか、この問いかけは、多くの偉人の生き方に共通するものでしょう。

　その中でも、この「執念のあるなし」という部分が、私の肚にすとんと落ちてきたのです。

松下幸之助らしいというか、戦後日本の復興を最前線で牽引した人間の、信念を感じてしまいます。

　成功者の歴史を振り返ってみると、結局は「諦めない」意識が、ずば抜けて高かった人物ばかりだったことが分かります。
　当然ですが、途中で諦めた人の歴史を、私たちが知ることはありません。

　諦めることなく執念と執着をもって前進し続けた人たちだけを、私たちは今「歴史」で知ることができるわけです。

　私は冒頭の言葉を思い浮かべるとき、
「お前はそれをやり遂げるための執念が本当にあるのか？」
　と、松下幸之助から問いかけられているような気持ちになります。

　自分が自分で決めた道であれば、何があっても執念と執着で達成していく。

　私は冒頭の言葉を座右の銘として、人生に臨んでいこうと覚悟を決めています。

人、遠き慮りなければ、
必ず近き憂いあり。

意味：将来のことをよく考えておかない人は、必ず近いうちに心配
　　　事に見舞われる。

▶—— 『論語』

「遠慮」という言葉の本来の意味が分かる、『論語』の
中の言葉です。

　人生の真理とは古今東西不変なものだということを、
私はこの言葉から強く再認識させられました。

「遠慮」という言葉には、「他人に対して、言葉や行動
を慎み控えること」という意味のほかに、**「遠い将来を
思慮に入れて、考えをめぐらすこと」**という意味がある
ようです。
　そして実は後者のほうが原義であり、それはこの『論
語』に由来するということです。

　ナポレオン・ヒル成功哲学では、「明確な目標を持
つ」ところからすべてのノウハウが始まります。即ち、
将来のことに対し詳細に思いをめぐらせ、準備をしてい
くことから成功は始まるというわけです。

当たり前のことですが、今この瞬間から見れば「将来」のことであったとしても、必ずそれはいつか「今」になります。

　その将来にどれだけ鮮明に思いをめぐらせることができるのか。これが非常に大事なわけです。

　いわゆる成功者と言われる人たちは、時間に対して非常にシビアな感覚を持っています。

　それこそ1分1秒を無駄にしないよう、今を真剣に生きている様子が窺い知れます。

　その理由は、**「時間の終わり」つまり「死」を敏感に感じているから**ではないかと、私は最近思うのです。

　「人は必ず死ぬ」とは誰もが分かっていることですが、毎日それを意識しているかいないかの違いが、結果的に成功者とそうでない人との差を生んでいるのではないでしょうか。

　リアルに時間の終わりを思い描くことができれば、「今」という時間を無駄にすることは絶対にできないはずです。

　遠きを慮ることの重要性。
　2500年以上も前の、孔子のこの言葉に思いを馳せると、私はいつも胸が熱くなります。

人間の自尊心というのは、自分を軽蔑できる能力だ。

▶── ジョージ・サンタヤナ

20世紀に活躍したアメリカの哲学者、ジョージ・サンタヤナの一言です。

逆説的な言葉ではありますが、私が自分の状態を測り、本来の軸に戻すための一つの指標にしている言葉です。

私はこの言葉の、「自分を軽蔑できる」という部分を「自分を笑える」というように置き換えて考えています。**自分の失敗や短所をどれだけ笑えるか。**
実はこれがすごく大事だと思っています。

なぜなら人間は、切羽詰まると笑えません。すると、どうしても視野が狭くなり、普段できることさえできなくなります。
「なんであんな失敗をしてしまったんだろう？」と、イライラして周囲に目を向けられなくなったときに、誰でも陥ってしまう状況です。

いい意味での“開き直り”が大事です。この余裕はば かにはできません。

　なぜなら**人間の脳は、「楽しもう」とした瞬間にドーパ ミンと呼ばれる快感ホルモンが分泌され、一気に脳が活 性化し、潜在能力が発揮されやすい状態になる**からです。

　失敗や短所を真正面から受け止め、それを反省し、フ ィードバックすることで成功や長所に結びつけていくた めには、「自分で自分のことを笑える」余裕が不可欠です。

　失敗はあくまで一時的なものであり、成功するために 必要な要素であるならば、前向きに「笑って」受け入 れ、上手に付き合ってみる方が賢明です。

　そして、それこそが、失敗や逆境から抜け出す一番の 秘訣でもあります。

　結局のところ私たちは、自分の持っている能力の中で しか表現や行動はできません。

　であれば、自分の持っているもの以上を望むのではな く、その時点で持っているものをすべて投入することが もっとも大切なことです。

「自分の短所や失敗を笑えるうちは、まだまだ大丈夫 だ！」

　自分の状態を確認し、本来の軸に戻していくための一 つの指標となる言葉と言えそうです。

劣等感がすべての英雄をつくる。

▶── リー・アイアコッカ

アメリカ自動車業界ビッグ３の一角、フォード社の社長に上り詰め、その後同じくビッグ３の一角であるクライスラー社の会長に就任し、同社の倒産危機を奇跡的に再建させた、1970年代ビジネス界の英雄、リー・アイアコッカの一言です。

「マーケティングの神様」とまで称され、1988年の米大統領選挙にも出馬を期待された英雄のこの言葉と出会ったとき、私は心から勇気を与えられ、私の中で大きなパラダイムシフト（価値観の枠組みが変わること）が起こりました。

歴史を振り返ると、今では英雄と呼ばれる人たちでさえ、とても大きな劣等感に苦しんでいた過去があることが分かります。

アメリカ歴代最高の大統領とも言われるエイブラハム・リンカーンや、幕末の英雄、坂本龍馬などは、その典型でしょう。

問われるのは、劣等感を抱いてしまう「事実」をどう

とらえるかです。

　一つの「事実」をどうとらえるか、その**「ものの見方」の違いによって私たちは大きく変わる**ことを、歴史から学ぶことができます。
　劣等感を、今の自分を越えるための壁ととらえ、長所へ変えることでカバーしていくか。それとも諦めの理由にすることで、思考を停止させてしまうのか。

　この「ものの見方」の違いが、行動を変え、結果を変えていくわけです。

　仮に**今、劣等感に苦しんでいるのであれば、試しにその苦しみを喜びに変えてみましょう。ほかの誰もが持ち得ない、越えるための貴重な壁が、あなたにはあると思えばいいのです。**

　そして、劣等感を越えようと励むことで、ほかの誰もが気づかない、貴重な財産を手にする可能性がでてきます。

　実際に、その壁を乗り越えたときには、あなたは圧倒的な存在となり、道が開かれることでしょう。

「この劣等感を持つことで、どんな独自性が発揮されるのだろう？」
　私はいつもそう考え、行動しています。

人生で起こることは、すべて最高のタイミングでやってくる。

▶── 本田健

　お金の専門家として多くの著書を持つ、本田健氏の一言です。

　能力開発のインストラクターを務めていたとき、クライアントの方々へのお手紙の中に、いつも決まって引用させてもらっていた言葉です。

　成功者と呼ばれる人の思考・行動習慣を分析してみると、多くの共通点を見つけることができます。

　その共通点を秩序立てたものを、私たちはいわゆる「ノウハウ」と呼ぶわけですが、思考習慣についての代表的な成功ノウハウが、この言葉には集約されています。

「起きたことすべてに意味を感じ、すべてを肯定的に受け止めていく」
　ということです。

ナポレオン・ヒル成功哲学ではそれを「積極的心構え（＝Positive Mental Attitude）」と表現していますが、こうした信念を明確にすることで、私自身の現状の受け止め方、心の持ちようは確実に変わっていきました。

　気がつくと外部に失敗の原因を求め、終わったことをいつまでも後悔するということが、皆無になっていたのです。

　結局のところ、一人の人生で経験できることにはどうしても限りがあります。
　その限られた時間の中で、少しでも高いレベルを目指すためには、成功ノウハウを学ぶことは必須です。

　弁護士になるためには法律を学び、ピアニストになるためにはピアノの弾き方を学ぶように、**成功するためには「成功」を学ばなくてはなりません。**

「成功を学ぶ」とは、成功するための「思考」を学ぶということです。

「人生で起こることは、すべて最高のタイミングでやってくる」

　成功するための思考法が、この一言には凝縮されています。

若さというものは人生における
一定のステージではない。
あくまで精神だ。
75歳でも18歳の若さを持って
「志」を抱いている人間も
いるのだから、我々もそういう
人間を目標としたい。

▶── ロバート・ケネディ

ジョン・F・ケネディの実弟で、35歳の若さで司法長官を務めたロバート・ケネディの言葉です。
「精神の年齢」についての意識が変わる言葉です。

ロバート・ケネディは「精神的な若さ」について、次のように定義しています。
「柔軟で素直な発想を持ち、困難や逆境にくじけずにアタックし続ける精神」

「固定観念」ほど、自らの成長を止めてしまうものはないと私は考えています。
「〜は『こういうもの』だ」と言い切ってしまったら最

後、思考は完全にストップしてしまいます。

そこに新しい価値観や観念が入り込む余地はなくなってしまうため、可能性の扉は完全に閉じられます。

とは言え柔軟で素直な発想を持ち続けることは、そう簡単なことではありません。

特に、自分が知らないことを認め、できないという事実を受け入れることは、精神的に強く、勇気がなければできることではありません。

ですから私は、自分の軸を測るとき、次のように自問自答をしています。

「今、目の前のことや人に、素直にかつ柔軟に向き合っているだろうか？」
「もしかしたら固定観念や自分だけの物差しで考えてはいないだろうか？」

ロサンゼルスのアンバサダー・ホテルで、兄と同じように凶弾に倒れたロバートは、43歳で人生の幕を閉じました。

最期を迎える直前の勝利演説で見せたVサインを掲げたときの表情は、本当に爽やかで若々しい笑顔でした。

「若さとは『志』なんだ」ということを、自らの人生で表現し続けたロバート・ケネディの生き様を思うと、心が震えます。

いくつもの日々を越えて
たどり着いた今がある
だからもう迷わずに進めばいい
栄光の架橋へと……

▶── 北川悠仁

　これは私が大好きな歌、NHKアテネ五輪のテーマソングとなった、フォークデュオ、ゆずの『栄光の架橋』の歌詞の一節です。

　実はこの楽曲は、私が28歳で自らに「挑戦と成長」を課し、未経験ながら前職の営業職への扉をたたいた際、自分自身で決めたテーマソングでした。

　出勤中に何度も聞いて、自分自身を奮い立たせていたことを、今でも強烈に覚えています。

　さて、みなさんは「根拠のない自信」について、どのように考えているでしょうか？

　私は何かに取り組む際に、この「根拠のない自信」をとても大切にしています。なぜなら**根拠のない自信と**

は、全神経細胞による「GO」サインだと私はとらえているからです。

　実を言うと、「根拠のない自信」を絶対的に信じるためにも、私は日々「直感」の精度を磨くように意識して生活しています。

　たとえば、進む道や食事のメニューを選ぶという簡単な選択をする際には、10秒以内で即決することにし、積極的に「直感」を頼りにして決断するのです。

　すると、「直感」を日ごろの場面で簡単にフィードバックできるわけです。
　これを繰り返すことで、私は「直感」に絶大なる信頼を寄せることができるようになり、大きな決断を迫られたときは、この「直感」を大いに活用できるのです。

「直感」が生まれる根拠とは、「いくつもの日々を越えて、たどりついた今」にあると私は考えています。自分の歩んできた道のりを信じられれば、未来への道も自信と確信をもって決められるはず。

　私はいつも、自分の内なる声である「直感」を信じて生きていきたいと考えています。
　そして、その積み重ねが、まさに「栄光の架橋」になると、私は心の底から信じています。

人間は得ることで生計を立て、与えることで人生を築き上げる。

▶── ウィンストン・チャーチル

第二次世界大戦中、その力強い演説と揺るぎない信念で、イギリス国民だけでなく、世界中の人々に勇気を与え続けた大政治家、ウィンストン・チャーチルの一言です。

私たちの行為すべてには、「For Me」と「For You」の2つのベクトルがあります。

これは「自分のため」と「誰かのため」という2通りの意識の方向です。

誤解を恐れずに言えば、私は初めから「誰かのため」というベクトルがあるとは思っていません。

自分自身が充実していないのに、他の人を充実させることはできないと思っているからです。

ところが、です。

「自分のため」という欲求を突き詰めて結果を出していくと、いつのころからか、それが「誰かのため」という欲求に変わっているということを、私は経験しました。

「営業の世界で、とにかく1番になりたい！」という自己中心的な欲求のみで仕事をしていた私が、いつしか「自分を育ててくれた上司に結果で恩返しがしたい」とか、「応援してくれるメンバーに応えたい」という「誰かのため」へと、欲求のベクトルが変わっていたことに気づいたのです。

　それ以来、私の成績は飛躍的に伸び、一気にブレークスルーを果たしました。
　人のために動こうと意識したときに出てくる力のすごさを、私は体感したわけです。

　チャーチルの言葉と同じ意味の言葉は『聖書』や『論語』、またナポレオン・ヒル成功哲学にも、明確に書いてあります。
　世の中の真理は、まさに古今東西で同じなわけですね。

　誰かのために何かをしてあげられる喜びを知ることで、人生がとても素敵なものになっていくように思います。

　私が周囲に与えられるものは、ほんのわずかなものかもしれません。しかし、これから先、もっともっと自己を磨き上げていくことで、より多くの価値あるものを与えられる人間になっていきたいと思っています。
　与えることで素晴らしい人生を築いていけると、チャーチルは私に教えてくれたのです。

賢い人は
徹底的に楽天家である。

▶── アンドリュー・カーネギー

世界の重工業化に決定的な役割を果たし、産業構造を劇的に変えた一人、「鉄鋼王」アンドリュー・カーネギーの一言です。

日本では、楽天家や楽観主義者に対して、ただの能天気な人間だというレッテルを貼りつけるケースが多いように思います。

とても残念なことに、夢を追い続ける人を批判する声を聞くことも少なくありません。
私自身も、自分の限界を知り、その限界の中で生きていくことが賢明だと教えられたこともありました。

今振り返ると、私の人生にほとんど、と言うよりまったく責任を持たない人ほど、わざわざ限界をつくるようなアドバイスをたくさんしてくれたような気がします。
考えただけで非常に恐ろしいことです。

人類の歴史が証明している最高に素晴らしい事実の一つに、**すべての革新は楽天家から生まれた**ということが挙げられます。

　現状に満足せず、新しいものの創造に没頭し、周囲が驚嘆するような発想と行動力で時代を切り開いていくことは、楽天家や楽観主義者でないとできないものです。

　私の場合は、幸いにも21歳で成功哲学に出会えたことによって、アンドリュー・カーネギーの語る楽観的な言葉に、若いうちから影響を受けることができました。

　大いに人の夢を聞き、大いに自分の夢を語る。
　それがもっとも賢く、実はもっとも安全な生き方である。

　成功者が語るこの揺るぎない真理を、私自身も自らの人生で証明していくこと——それが務めだと考え、今は行動しています。

仕事における絆は、
仕事でしか築けない。

▶── 北尾吉孝

　これはSBIグループ代表の北尾吉孝CEOが述べたもので、仕事で築くことができる人間関係の大切さと喜びを教えてくれた一言です。

　仕事では、人格よりも実績がものを言います。
　人格はその後、つまり実績があって初めて際立ってくるものだと私は思っています。

　厳しいことを言うようですが、**実績がない人に、社会は興味を持ちません**。したがって周囲から関心を持たれるためには、まずは実績を作らなければいけないわけです。
　この現実をまず理解しておきましょう。
　プロとは、それをよく知っている人のことだと私は思います。

　私自身も体験済みですが、仕事で築かれた信頼関係というものは、驚くほど強靭なものです。

なぜなら、**仕事へ向かう姿勢とは、人生に向かう姿勢の縮図**だからです。

　瀬戸際に立ったときに現れる人間性が、一緒に仕事をしていくうちに面白いように垣間見えてくるため、**仕事上で信頼できる人は、人生においても信頼できる**可能性が非常に強くなるわけですね。

　仕事で結果を出そうと試行錯誤や挑戦を繰り返していると、自ずと人格が磨かれていきます。
　成功した経営者の多くが、教育者や社会慈善家としての道を歩んでいくのは自然な流れだと言えるでしょう。

　繰り返しますが、**仕事においては、好むと好まざるとにかかわらず、結果がすべてです。**
　結果が出て初めて、良好な人間関係が構築されるのです。
「この仕事で何ができるか」と徹底的に考え、実績を出すことで自分の居場所を作る。
　その一心不乱な取り組みを続けることで、周囲からの信頼は築かれていきます。

「仕事で生まれたかけがえのない絆」
　独立をした今、私はその強さを日々改めて実感しています。

明日ありと 思う心の仇桜
夜半に嵐の吹かぬものかは

意味：明日桜を見ようと思っていても、夜に嵐が来て、桜は散って
しまうかもしれない。桜の運命と同様、明日のことは私たち
人間には分からない。

▶ ── 親鸞聖人

浄土真宗開祖、親鸞聖人の吟詠です。

最近の脳科学によると、人間が行動に移る瞬間には、
2つのモチベーションのどちらか一方が起動していると
考えられています。

一つは「これを行えばどれだけ素晴らしい未来がやっ
てくるのか」をイメージしたときであり、もう一つは
「これを行わなければどんな犠牲が未来にやってくるの
か」をイメージしたときです。

前者を「報酬系モチベーション」、後者を「恐怖系モ
チベーション」と言いますが、行動していくうえで重要
なことは、この2つを鮮明にイメージしていくことなの
です。

ところが、多くの人が前者だけをイメージし、後者を
イメージすることはあまりありません。

しかし、恐怖系モチベーションを鮮明にイメージしながら、その後報酬系へと切り替えることで、「思考」と「感情」を結びつけて、行動に移ることができるのです。

　親鸞聖人の言う「明日の命も分からない」という事実を知ることは、究極の恐怖系モチベーションだと言えます。

　迅速な行動を取れる人たちは、「自分の命が毎日確実に削られている」ということをイメージできる人だと私は思っています。
　だからこそ、日々を充実させるために当たり前のように行動していくわけです。

　少し極端な表現ですが、私はときに「死の床にいる自分」をイメージすることがあります。
　誰がまわりにいて、どんな言葉をかけてくれるのか。
　そして自分はどのように人生を振り返っているのかをイメージしてみるのです。

　すると、当然とても恐ろしい感情が湧き上がってくるのですが、同時に今この瞬間に対する感謝の気持ちも湧き上がってくるのが分かります。

　「"今"を抱きしめるように生きる」という、誰もが知っていながらも忘れがちな真理を、親鸞聖人は思い出させてくれます。

ロジックだけでは政治はできません。生身の人間の感情が政治を動かすのです。

▶── マーガレット・サッチャー

東西冷戦時代にレーガン米国大統領の盟友として活躍した、20世紀を代表するイギリスの政治家の一人、「鉄の女」マーガレット・サッチャー元首相の一言です。

私はこの一言に出会い、「ロジック（論理）」と「感情」のバランスを強く意識するようになりました。

「鉄の女」と称され、徹底的かつ緻密な理論武装で野党を圧倒していたサッチャー元首相ですが、ロジックだけの政治は明確に否定しています。

確かに、「論理」の構築は社会をスムーズに運営していくうえで必要不可欠なことではありますが、そればかりが先行してしまうと大きな弊害も生まれます。

少し世の中を見回すと、特に政治や法律の世界を見ると感じるのですが、多くの場合、私たちはすでに出来上がったロジックに従うことを要求されます。

　もともとロジックとは、人間が幸せに、そして豊かに生きていくための手段として生まれ、発展していったもののはずです。

　しかしロジックがいつの間にか先に立ってしまい、そこに私たち人間が感情を合わせていかなければならないという「ねじれ」が生まれているように思えてなりません。

　私はかつて組織のマネージャーを務めていた際、両者のバランスを頭の片隅で絶えず意識していました。

　組織運営をスムーズに行うためには、理論は非常に役に立ちます。ただ、それだけを推し進め、生身の人間の感情を押し殺してしまっては本末転倒です。

　組織を上手に運営することが目的なのか。
　それとも、メンバーのパフォーマンスを上げることが目的なのか。

　私はこの２つの命題を、事あるごとに自問自答していました。
　ロジックだけでは人は動かない。
　当然の、決して忘れてはいけない真理がここにあります。

Never confuse a single defeat with a final defeat.

一つの失敗を
決定的な敗北と取り違えるな。

▶──── F・スコット・フィッツジェラルド

⋯⋯⋯⋯⋯⋯⋯⋯⋯⋯⋯⋯⋯⋯⋯⋯⋯⋯⋯⋯⋯⋯⋯⋯⋯

　20世紀初頭のアメリカで「ロスト・ジェネレーション（失われた世代）」のヒーローとして君臨した作家、フィッツジェラルドの一言です。

　フィッツジェラルド自身、誰もが羨むセレブ生活から一転、世界大恐慌によって公私ともに経済の破綻を経験しています。
　その後、起死回生をかけて『最後の大君』という新作の完成に心血を注ぎますが、執筆中、心臓発作により急死してしまいます。

　私は彼の代表作『グレート・ギャッツビー』の世界観が好きで、映画も観ました。
　作品から醸し出される雰囲気は、華やかで光り輝くような世界そのものであり、その世界からの脱落というと、かなりの精神的ダメージがあっただろうことは容易に想像できます。

物語の完結を見ることはできませんでしたが、復活を
かけて命を削りながらも新作の執筆活動を続けたフィッ
ツジェラルドに、私は大きな感銘を覚えます。

　**「失敗」を一時的ととらえるか、それとも永遠かつ致命
的なものととらえるのかは、言うなれば、成功者とそう
でない人とを分ける決定的な違いです。**

　成功者は「失敗」というものを、単なる学びの機会と
してしかとらえていない、これは今まで挙げてきた偉大
な人物の言葉の中に、いくつも見受けられます。

　思うにフィッツジェラルドは、自らの人生の浮き沈み
でも、作品の最高の題材と考えていたのかもしれません。

　強靭な精神力を身につけ、人生にアタックし続ける。

　新時代を切り開いた作家の生き様は、私にとって貴重
な教えとなっています。

腹が減ったら歌え。
傷ついたら笑え。

神は朗らかな者を祝福し給う。
楽観は自分だけでなく
他人をも明るくする。

▶──『タルムード』

ユダヤ民族の知恵を集めた『タルムード』からの2つの言葉をご紹介します。

大学を卒業した当時の私は、大きな逆境の中にあり、苦悶の日々を過ごしていました。

就職活動がうまくいかず、1年の浪人生活を余儀なくされていたのです。

同期の仲間たちから取り残されたという焦りと、まったく見えてこない将来への不安に、それこそ押し潰されそうになっていました。

やることなすことすべてがうまくいかず、今振り返っても苦い思いがよぎるほどで、自信喪失はひどいものでした。

しかし、当時はすでにナポレオン・ヒル成功哲学を知っていた私だったので、**「この経験が必ず何かの役に立つ」と何度も自分に言い聞かせ**、毎日を生きていました。

　そして、心に栄養を与えるために食費を削り、古典的名作といわれる小説や本、映画に触れる毎日を送っていました。

"人類の叡智"というものに触れることが、一番大切だという気がしたからです。この経験は今の私を形成する土台となる人間の「幅」を飛躍的に広げてくれました。

　手前味噌ですが、自分の持ち前の長所である「精神的強さ」の礎をより育むことができたのは、この経験があったからだと間違いなく言えます。

　当時は、どんな状況でも笑顔だけは絶やさないように努めました。

　なにくそと思いながらも「笑顔がなくなったら終わりだ」と何度も何度も言い聞かせていた記憶があります。

やせ我慢でも何でも構わない。
どんな状況でも、とにかく「笑う」。

　若輩者の私ですが、今までこの信念で道を切り開いてきたと、自信をもって言い切れます。

　神様でさえ微笑みかけてくれるような「笑顔」を持つ。
素敵な人生を送る最高の秘訣を、私は"人類の叡智"と"逆境"から学んでいます。

これを知るをこれを知るとなし、知らざるを知らずとなす、これを知るなり。

意味：知っていることを『知っている』とし、知らないことを『知らない』とする。それが『知っている』ということである。

▶── 『論語』

真に知恵ある者の振る舞い方について語った『論語』の一節です。

当然と言えば当然のことを言っているのですが、この"当然"がなかなかできないのが私たち人間です。

私を含め多くの人にとって、少し耳の痛い言葉ではないでしょうか。

知っていることを「知っている」と言うのは容易ですが、**知らないことを「知らない」としっかり言うのは、案外むずかしい**ものです。

特に、仕事で後輩ができるにつれ、さらにはポストが上がっていくにつれて、なかなか言えない状況に立たされる人も多いと思います。

結局は、**余計なプライドが邪魔をする**わけですが、この種の対応を戒める言葉は、世の中にはたくさんあります。

　つまり、このような余計なプライドを持つことで、信頼やチャンスを失ってしまうという過ちを、過去、多くの人々が犯している証拠だとも言えるでしょう。

　かく言う私も、まだまだ不要なプライドが湧き出て、いわゆる「知ったかぶり」をしてしまうことが、正直なところ度々あります。

　そんな自分を戒めるとき、私は大学在学時のサークルの大先輩で、大手商社の理事を長年務められていた方の言葉を思い出すようにしています。

「知識の欠如は問題ない。なぜならそれは今すぐここで補えるからだ。ただ、問題なのは目的観の欠如である。なぜならそれは、今すぐ他から補うことができないからだ」

　知識の欠如は補えばいいだけの問題です。
　そして、それを補う絶好のタイミングは、「知らない」と知ったその瞬間なのです。

「知らないこと」を、素直に「知らない」と認められる自分になるために、私の修行はまだまだ続いていきます。

決断力のない君主は、 多くの場合、中立の道を選ぶ。

▶── ニコロ・マキャベリ

　歴史を超える普遍的な名著『君主論』で大胆なリーダーの資質を説いた、16世紀フィレンツェの政治思想家、ニコロ・マキャベリの一言です。

　まず前提として認識すべき点は、**マネージャーとリーダーはまったく違う**ということです。

　前者が「あらかじめ設定されている『やるべきこと』を部下に過不足なく実施させる人」を指すのに対し、後者は「**組織のメンバーの特性を活かしつつ、『やるべきこと』をメンバー自らが考えられる、自律的なチーム作りができる人**」を指します。

　社会や市場の変化のスピードがますます激しくなる現代社会では、柔軟かつ機敏にその場の判断を下せる人材が求められます。
　つまり、これからの時代に強い組織を作るためには、後者であるリーダーがどうしても求められると言えるで

しょう。

　リーダーの仕事として特に求められる能力は、「決断力」だと私は考えています。

　世の中の、変化スピードの加速度と価値観の多様化は相当なもので、何が正解で何が不正解なのか、多くの人が迷い、決断を下すことが容易ではなくなってきています。

　ゆえにリーダーは、誰もが理解できるように「自らの信念と価値観」を説明し続けるとともに、様々な意見を取り入れながらも、決断するときには、「中道を排する」という、大胆さがなければなりません。

　支店管理者として組織を預かっていたとき、ジャッジする際は**「どちらの意見も汲み取って『中立』という考え方は、「リーダーとしての逃げ」**だと私は思い、きちんと決断を下してきました。

　自らの価値観と信念を貫き通すには、それなりの痛みを伴います。ですから勇気が必要です。それはリーダーには避けて通れない、絶対的な資質です。
「どんな主義、主張をするか」よりも、人は「一貫性」を信頼します。

　そして、**「決断」をするという一貫性を示すことで、リーダーとしての存在感は絶対的なものとなっていく**のです。

言うべきときを知る人は、
黙するときを知る。

▶── アルキメデス

古代ギリシャの数学者、アルキメデスの一言です。

この言葉は「空気を読む」ことについての基準を教えてくれます。

会話について考えるとき、「話し方」に関心を持つ人が多いと思います。
実は、私自身もそうでした。
「何を、どう話せばいいのか」ということばかりに関心が向いていたのです。

学びには段階があるので、その過程も必然だとは思っていますが、**コミュニケーション能力とは「聴く技術」を持つこと**であると、今の私は確信をもって言えます（140頁参照）。

この**「聴く技術」を深めていくと、「沈黙の大切さ」を、意識せずにはいられなくなります。**

会話上手とは、「空気を読む」技術が高いことだと私は思っています。

　そして「空気を読む」ということは、「どのタイミングで何を言うか」よりも、「どのタイミングで何を言わないのか」ということに大きな比重があると私は考えています。

　幸運なことに、私は大学生のころから、様々な交流会やパーティーに出席する機会に恵まれていました。

　そこで社交家と呼ばれる人たちと直接話をして強烈に感じたことは、会話の流れ、タイミングやリズムの取り方が非常に上手であるということでした。

　タイミングとリズムを非常に大切にすることから、余計な一言によってそれらが崩されるのを極端に嫌っている、といった印象さえ受けました。

　私はいつでも意識しています。

今、この話題を出すべきタイミングなのか。
それとも、自分は黙っておくべきなのか。

　このことを意識した時点で、会話の場の空気を読み解く能力は格段に上がるはずです。

　そしてそれこそが、会話上手な社交家となるための、第一歩だと思います。

絵の本質は額縁にあり。

▶── ギルバート・ケイス・チェスタートン

20世紀に活躍したイギリスの推理作家で、江戸川乱歩がそのトリック創案の妙に感嘆していたという、チェスタートンの一言。

チェスタートンはこの言葉で、**額縁という枠（制限）がなければ、オリジナリティなど決して発揮されない**と論じています。

これはかなり含蓄のある考え方で、確かに独創性やオリジナリティというものは、制限があるところから派生したり、生まれたりするものです。
「無制限に自由で」と言われて何かを表現しようとしても、困難を極めるでしょう。

かの天才モーツァルトでさえ「模倣は創造の母である」と言っています。
どんなに革新的かつ先鋭的なアイデアや芸術でさえも、必ずその原点となるべきものがあるわけですね。

ところで、私たちにとって日常向き合っている枠（制限）とは一体何でしょうか。

　会社や組織、法律や規則などいろいろ思い浮かぶものはあるかもしれませんが、私は多くの場合、それは「時間」だと思っています。

　ビジネスに関わっている以上、私たちは常に「締め切り」や「納期」という枠と向き合っています。

　どんなに不十分な出来であったとしても、この制限にしっかりと合わせなければ、社会で結果を出すことはできません。

　もっと言えば、仮に**締め切り時に60％の完成度だとしても、実はそれこそが現時点でできる100％のパフォーマンス**なのです。

　枠（制限）に不平不満を言っても何ら建設的なものは生まれません。そうではなく、枠の中で何を表現できるかに全力を尽くし、行動することが必要なわけです。

「まずは枠ありき」です。

　そして、その枠の中で“自分なり”のパフォーマンスを発揮することこそが、オリジナリティや独創性だと思うのです。

人類が知り得た
最高最善の叡知は、
自由と存在はそれを
日々新たに勝ち得る者のみが
受けるに値するということを
悟ったことにある。

▶—— ゲーテ

　ゲーテの圧倒的に重みのある一言です。

「自由」と「存在」は、勝ち取るものであり、与えられるものではありません。
　人類の歴史とは、この両方を勝ち取るための努力と営為の記録であると言っても過言ではありません。

　しかし少し視野を広げてみると、21世紀にあっても、それらをいまだに享受できていない国や民族があるのは、紛れもない現実です。

　仮に、生まれる時代と場所が違っていたとしたら、私たちは今、「自由」と「存在」を勝ち得るために、命を懸けて行動する必要に迫られていたかもしれません。

「自由」と「存在」を当たり前に享受できる私たちにとって、それがどんなに幸せなのかを、皮膚感覚で理解することは無理なことかもしれません。

　ですからこの言葉は、私自身、本当の意味で理解することはできないと思っています。

　これが綺麗ごとなしの正直な感想です。

　しかし、**「自由」や「存在」が、先人たちの犠牲の上に成り立っているという事実**には、思いを馳せる必要があるのではないでしょうか。

　なぜなら、そのような想像力が「今を豊かに生きていく」ことにつながっていくと、私は信じているからです。

　人類の犠牲の歴史に報いるためには、私たちが恵まれた今を、愛おしく思い、生きていくことが大切だと思っています。

　そして**今日の自分を、明日には１ミリでも越えていくよう努める必要がある**と考えています。

　先人たちの命を懸けた取り組みを、私たちは「歴史」という財産で学ぶことができます。

　すべてを理解できなくても構いません。

　当時に想いを馳せ、今に感謝し、そのうえで真摯に生き抜いていく。

　歴史に触れると決まって私は、その必要性を強く感じさせられます。

成功の程度を測る尺度は、どんなにむずかしい問題を解決したかではない。去年と同じ問題が今年もまた持ち上がっていないかどうかである。

▶── ジョン・フォスター・ダレス

アイゼンハワー大統領の下で国務長官を務めたジョン・フォスター・ダレスの一言です。

「何をもって成長とし、何をもって成功とするか」──。

「過去と同じ失敗や問題にぶつかっていないこと」が、私は一つの明確な指標になると考えています。

　仕事でもプライベートでも、「仮説」と「検証」を繰り返すことを、私は常に意識しています。そして、その精度を上げることが、成長だと思っています。

自分の立てた「仮説」の精度を上げるためには、フィードバックは欠かせません。

「なぜ失敗したのか」と、「なぜうまくいったのか」をきっちりと分析し、失敗が二度と起こらないように、また、成功を次回も生み出せるような原則を作り、それを仕組み化していくわけです。

　そうしなければ、常に出たとこ勝負になってしまい、成功を再び生み出すことはできません。
　つまり、同じ失敗や問題にぶつかってしまう可能性が、ずっと減らないわけです。

　ちなみに、私の日記には、繰り返してはいけないと決断した失敗が、たくさん記されています。

　いつ見ても分かるように「原因」を明確に書きとめ、自らを戒める言葉も書いています。

　失敗の質で成長の度合いは分かります。

「仮説」と「検証」を繰り返し、それを一つひとつ徹底してフィードバックすることで、自らを成長させることができるのです。

やってみせ
言って聞かせて させてみて
誉めてやらねば 人は動かじ。

▶── 山本五十六

連合艦隊司令長官として太平洋戦争を指揮した、山本五十六の一言です。

多くの経営者が座右の銘にしている有名な言葉です。

当時の時代背景を考えると、この言葉を信条とした山本大将の、リーダーとしてのとてつもない資質と人間力に感じ入ってしまいます。

部下を駒として扱うようなイメージがある時代にあって、とても先鋭的な信念です。

太平洋戦争へ踏み切ったころの日本は、陸軍と海軍のスタンスに大きな違いがあったようです。

その最たる例が、「敵国を分析する」という視点です。
陸軍は「鬼畜米英」というプロパガンダを掲げ、外来語を禁止するなどに代表されるように欧米文化の排除に

全力を注ぎました。

　野球でも「ストライク」や「ボール」が禁止となり、「良し」「悪し」と言っていたことは有名な話です。

　一方、海軍は対照的で、**敵国を知らなければ戦争には決して勝てない**、という理念から、水面下では英語を学ぶように推奨していたとのこと。

　余談ですが、アメリカは日本語を徹底的に研究しました。それが、暗号解読にもつながり、戦争を圧倒的優位に運ぶ一因にもなったようです。

　山本五十六大将は開戦が避けられなくなった際、こう喝破したといいます。
「戦争をするとなれば、半年や1年は大暴れしてみせます。ただし、2年や3年後にはまったく確信を持つことはできません」
　敵の力を知っていたからこその発言だったのでしょう。

　リーダーには、まずは失敗の可能性について徹底した分析を行いながらも、一度サイコロを振ったら100%プラス思考で取り組んでいくという姿勢が求められます。
　リーダーの判断一つで、それに付き従う多くの人の人生が変わる以上、これは当然のことです。
「まずは率先して姿勢を示す」という山本五十六の信条は、普遍的なリーダーの資質として、今も輝きを放っています。

使い過ぎるといけないものが３つある。それはパンのイースト、塩、ためらい。

▶──『タルムード』

　ユダヤ人らしいウイットに富んだ言い回しで表現された決断への真理の言葉です。

「決断」に思いを馳せるとき、私は高い所から飛び降りるシーンを思い浮かべます。

　経験のある人ならお分かりかと思いますが、一度ためらってしまうと、飛び降りるタイミングを失ってしまいます。

　恐怖心はますます膨らみ、時間がたつにつれて踏み切ることがどんどんむずかしくなっていきます。

　実は、私たちが抱く「恐怖」という感情には、実態というものがありません。

　たとえば、「オバケ」の話を聞くと急に暗闇が怖くなってしまうように、「恐怖心」とは私たちが頭の中で創り上げている概念なのです。恐怖心は一度膨らみ始める

と、とめどなく増大していく傾向があるわけですね。

　私はいつも、何か大きな決断に踏み切る際、最後は「えいや〜！」と勢いで行うようにしています。
　なぜなら、今までしてきた大きな決断も、結局はどうにか乗り切れていることを経験で知っているからです。

　決断をすると、運命に何らかの負荷がかかり、負荷がかかると、それに対処するための補塡要素が生まれてきて、運命が回転していきます。
　すると、今まで歩んできた軌道ががらりと変わり、出会ったこともない機会とのめぐり合いへつながっていきます。

　私はそれを大学時代、麻雀店でのバイトから学びました。
　即座に決断する人と躊躇してしまう人の差が、一つのゲームで結果として明らかに現れていたのです。

　「ためらい」というカードを使いすぎると、必然的に後手に回ります。後手に回ると、次の一手に対する心理的負担、つまり躊躇が増してきます。
　その結果、運命は回転せず、チャンスをものにすることもできません。
　イーストも塩も、適度に使うことで、美味しいパンが出来上がります。
　ためらいの使いすぎは人生を苦くするという大きな教訓を、私はこの言葉から学びました。

自分の思いを上回る成果を上げることは不可能だから、思いはなるべく大きく持たなければならない。

▶── ベンジャミン・ディズレーリ

4度の落選にもめげずに信念を貫き通し、大英帝国の首相にまで上り詰めた19世紀の偉大な政治家、ベンジャミン・ディズレーリの一言です。

人生の質を上げるにはどうすればいいか。
それは「基準を上げる」ことに尽きます。

自分の理想像や目標など、すべてにおいて基準を上げることが、人生の質を上げることに直結していきます。

誤解がないようにお伝えしますが、目標は大きければいいというわけではありません。
ただし、「これぐらいで」とか「どうせこうだろう」と曖昧に設定してしまっては、成長につながりません。
「これを達成できたら最高に幸せ」というワクワク感があるかないかを基準にするといいでしょう。

ちなみに、私がコーチングを学んだ世界的なプロコーチは、「達成への革新度が50％ぐらいの目標を設定するのがちょうどいい」と言っています。

　ところで、基準を上げることについて、私がもう一つ肝に銘じていることがあります。
　それは、**一度立てた目標の基準を途中で絶対に下げない**ということです。
　月初めであれ年初めであれ、一度立てた目標はどんなに達成が困難だと感じられても一切下げてはいけません。

　「最後の最後までこだわり、最後の最後まで愚直に追いかける」
　私は営業職時代、困難だと思われた目標でも、徹底的にこだわり続けた結果、自分の基準が驚異的に上がるという経験をしました。

　イメージとしては、**目標設定をする脳に負荷をかけ、目標達成への筋力を鍛え上げる**感じです。

　設定した目標を下げずに、最後の最後までこだわり追いかけましょう。

　すると、年が明けたときには、まったく違った基準を持つ自分自身に出会えるはずです。

将来性のある仕事などない。
将来性の有無は
その仕事をする人にある。

▶—— ジョージ・クレーン

アメリカの実業家、ジョージ・クレーンの一言です。

本当に幸運なことに、私は今、自分でも「天職に就いているな」と心の底から感謝できる日々を送っています。

ただし正直に言うと、この感覚は今に始まったことではありません。

振り返ると、私は今まで携わってきたすべての仕事にやりがいを見つけ、「天職」に就いている感覚を味わってきました。

これは「どんな仕事をするか」よりも「誰と仕事をするか」の方が重要であるという、私の仕事観が影響しているためでしょう。

人は、環境によって磨かれ、環境によって発展していくものです。

誰もが憧れる仕事に就いても、人間関係に悩み、多くの不満を抱え、幸福感を享受できない人たちを、私はたくさん見てきました。

　とても大切なことなのですが、「誰と仕事をするか」に恵まれるには、**誰よりも自分自身が、周囲の人たちから一緒に働きたいと思われること**です。

　その価値ある出会いの連鎖が、天職とのめぐり合いにつながると私は信じています。

　なぜなら、すべてのチャンスとは、人を介してからしかやってこないからです。

　石田三成が、たった３杯のお茶の煎れ方に才覚を認められ、その場で豊臣秀吉にスカウトされたという話は、私が歴史上もっとも好きなエピソードの一つです。

　天職への扉は、転職雑誌や転職フォーラムにあるのではなく、今この瞬間、目の前にしている仕事の中にあり、そしてその扉の場所を指し示してくれるのは、上司や同僚、お客さまや関係者といった、今この瞬間、自分の周囲にいる方たちであることを、私は経験してきました。

　仕事の中に輝きがあるのではありません。
　自分自身が輝こうとして初めて、どんな仕事にも独自の色、輝きを出せるのだと私は思っています。

人間を測る究極的なものさしは、試練と批判にさらされたときにどういう態度をとるかだ。

▶── マーティン・ルーサー・キングJr.

人種差別というアメリカが持つ大きな影に毅然と切り込んでいった英雄、キング牧師の一言です。

「お天道様が見ているよ」という、最近では滅多に聞かれないこの言葉により、私の倫理観は形成されました。

幼いころは両親の仕事の影響もあり、私は妹と共に多くの時間を祖母と過ごしていたのですが、祖母がよく使っていたこの言葉には、古くから日本人が持っていた倫理観が宿っています。

「どこへ行っても、誰が見ていなくとも、太陽はあなたを見ているよ」というこの言葉には、天照大神（あまてらすおおみかみ）を最高神として祭る日本の太陽信仰が表れているわけです。

言い換えると「お天道様が見ているよ」とは、「神様が見ているよ」という意味に他なりません。

祖母の影響もあり、私は気づくと心の中で「お天道様」、つまり神様と会話をしているときがあります。

　特に、思わぬ逆境が訪れ、失敗が続いたときには、「なるほど、そう来たか……」と心の中で独り言を言っているのです。

　そして次の瞬間には、「試練を与えられている私は、神様に選ばれた存在なんだ」と言い聞かせている自分がいます。

　キング牧師は**「試練」と「批判」にさらされたときこそが、自分の価値を表現する最高のチャンス**だと言っています。

　そうであるからこそ、私はそのときを、「運命の挑戦を受けて立つ」瞬間と考え、積極的にとらえるようにしています。

　挑戦状は、相手から挑戦する価値があると思われなければやってはこないでしょう。

　つまり、**「運命の挑戦状」を受け取るということは、神様から挑戦するだけの価値がある人間だと思われたのも同然**なのです。

　あとはその挑戦に毅然と立ち向かい、勝つまで続けるだけ。

　「運命の挑戦を受けて立つ」と考えただけで、「試練」や「批判」は一気にワクワクしたものに姿を変えます。

あなたの大望を小さな枠にはめようとする人は避けること。人間が小さいほど、その傾向がある。しかし、偉大な人間は、あなた自身も偉大になれるという気にさせてくれる。

▶── マーク・トウェイン

『トム・ソーヤーの冒険』で日本でもお馴染みのアメリカ人作家、マーク・トウェインの一言。

人間行動と自己開発のエキスパートとして知られるシャド・ヘルムステッター教授によると、私たちが20歳になるまでに周囲から言われる否定的な言葉は、なんと14万8000回に及ぶと言います。

この数字、あまりリアリティがないので分かりやすく説明すると、1年では7400回、1か月では617回、さらに1日ではなんと約20回です。

1日に20回程度なら「駄目だ」「無理だ」「やめておけ」「彼みたいにはなれない」といった言葉を家族や先

生、または友人知人から言われたり、また、テレビや新聞などでも目にしそうな気がしませんか？

　ことほど左様に、私たちはネガティブな情報が蔓延する世の中で生きているのです。

　そのため気がつくとひどいダメージを受け、「自分には無理だ」とか「どうせ不景気だから……」という考え方が先に立ってしまうわけです。

　成功者と言われる人たちは、このネガティブ・シャワーから身を守るために、「入力管理」を意図的に行っています。

　どうするのかと言えば、**理想の人生を形成するために必要な情報が溢れる環境に身を置き、不要な情報を遮断するように努める**のです。

　非常にドラスティックな表現をしますが、「入力管理」でもっとも注意すべき点は、今まわりにいる人たちです。

　万が一周囲の人たちが、陰口や否定的な会話ばかりをし、嫉妬やあげ足を取るような人たちならば、意識的に身を守らないと確実に悪い影響を受けてしまいます。

　夢を追う人、行動する人、そしてそれを応援する人と共に生きる。

　自分自身をアップグレードスパイラルに導いてくれる人との交流を意識的に持つことが、私たちの成功にとって不可欠な第一歩となります。

進歩とは
反省の厳しさに正比例する。

▶── 本田宗一郎

「世界のホンダ」創業者、本田宗一郎の一言です。

この言葉に初めて触れたとき、まさに成功法則の神髄だと私は実感しました。

本田は、まだ本田技研工業が町工場だったころから、「必ず世界的企業にしてみせる」とミカン箱の上に立って社員に演説をしていたと言います。

豪胆で知られ、その笑顔でたくさんの人から愛された本田らしいこのエピソードが、私は大好きです。

そんな本田ですが、冒頭の言葉から読みとれるのは、誰もが驚くような大風呂敷を広げながらも、非常に繊細で、かつ戦略的な一面を持っていたことです。

それは、技術者出身だということが影響しているのでしょう。

「仮説」と「検証」を繰り返すことでイノベーション（革新）を図るということが、価値観として咀嚼吸収さ

れていたと、容易に想像できます。

　当然と言えばそれまでですが、夢を語るだけでは、決して夢にたどりつけません。
「夢を語れば夢は叶う」というのは、ひどく部分的な真実でしかないのです。

　私自身、自覚していることは、願望や夢を叶えるためには、行動する必要があるということ。
　そしてさらに、非常に大事なポイントとしては、失敗したらその行動パターンを変え、新しいパターンに切り替えたうえで行動をするということです。

　冒頭の言葉に、私が大きな希望を感じずにいられないのが、「正比例する」という部分でした。

　行動し、その結果を反省し、それを矯正し新たなアプローチで行動をする。
　その愚直なプロセスは、決して裏切ることなく、正比例する形で進歩していく。

　世界のホンダを創業した大実業家がそう言い切った言葉には、心の底から人生の希望を感じます。

A professional writer is an amateur who didn't quit.

プロの作家とは、
書くことをやめなかった
アマチュアのこと。

▶── リチャード・バック

　大ベストセラー『かもめのジョナサン』で日本でもお馴染みのアメリカ人作家、リチャード・バックの一言です。

　この本でも度々触れているテーマですが、成功者と言われる人たちは「失敗」や「困難」を「チャンス」ととらえる思考習慣を持っています。

　それゆえに成功者となり得たわけですが、**成功者たちの脳は、いわゆる「失敗」を「成功するために必要な一つのチャンス」であると、プログラミングされている**ようです。

　ですから、失敗や逆境に直面しても必要以上に落胆しません。

　いや、一度は落胆するかもしれませんが、次の瞬間には成功に必要な一つの要素ととらえ直し、乗り越えた後のことをワクワクしながらイメージしていきます。

これが「**成功者は成功する前から成功者である**」と言われる所以です。

　セールスの世界に挑戦していたとき、私はこの考え方をとにかく拠り所としていました。

「トップセールスはトップになる前からトップセールスである」と自分に言い聞かせ、日常の言動や振る舞いを、少しでも自分の理想の姿に近づけるように努めていたのです。

　周囲からのいろいろな反応がある中、やり続けることは、決して簡単なことではありません。

　しかし、簡単なことではないからこそ、**貫く人と諦める人が生まれ、成功者とそうでない人に分かれる**わけです。

　今の結果に一喜一憂せずに、信じた道を、とにかく歩み続けること。
　これを肚の底から信じ、愚直に行動していく。

　その真摯な道のりが、気がつくと夢に描いたキャリアや実績を生み出し、誰もが認めるプロフェッショナルへと到達できるのです。
　そのことを、私は冒頭の一言から学びました。

成功（success）が
努力（work）より先に来るのは、
辞書の中だけである。

▶── ヴィダル・サスーン

弱冠26歳で最初のサロンをロンドンにオープンさせ、1960年代に正確なカット技法でファッション業界に大きな影響を与えた、ヴィダル・サスーンの一言です。

成功をつかむための本質を非常にウイットに富んだ物言いで表現した、味わい深い言葉です。

成功者になる人は、自己投資という、すぐには成果が表れにくい先行投資の重要性と価値を認識し、かつ恐れることなくまた先延ばしにせず、それに取り組んでいく人だと考えます。

ヴィダル・サスーンが言うように、**「成功」が「努力」より先に来ることは絶対にあり得ません。**これは自然の法則とも言えるほど絶対的なものです。

「成功は前払いである」

ナポレオン・ヒル哲学を代表とした様々な成功法則を

繙くと、成功者は例外なく、この価値観を基に実践していることが分かります。

　なぜなら「**成功とは成長の果実**」だということを、明確に知っているからで、「努力」の前に「報酬」を期待することはありません。

　ですが、ほとんどの人が、成長の前に報酬を期待します。そして、成功の前に安全性や確実性を求めます。
　残念ながら、そのマインドでは成功を手にすることはできません。

　種をまかないと花が咲かないように、自らを成長させる時間と労力、そして資金の先行投資をしない限り、成功という果実は手にできないのです。

　それはまるで、先行きの分からない航海に恐れを抱き、大海原へ漕ぎ出さない冒険家のようなもので、結局、富も名誉も手にすることは永遠にできないのです。

　時間と労力、そして資金の自己投資を、恐れることなく前払いできるかどうか。
　安全性や確実性を先に求めず、それらを享受できる自分自身をまず創ることができるか。
　それが成功への例外ない条件だということを、ヴィダル・サスーンは明快に教えてくれています。

Nothing to fear but fear itself.

恐怖そのもの以外に
恐れるものはない。

▶―― フランクリン・ルーズベルト

　　ニューディール政策で有名な第32代アメリカ合衆国大統領のフランクリン・ルーズベルトが、世界大恐慌の最中である1933年3月の大統領就任演説の中で使った有名な演説の一部です。

「恐怖」とは何でしょう。

　実を言うと「恐怖」とは、まったく実態のないもので、自分自身の頭の中で創り出すものです。

　ゆえに、「恐怖」という感情は、一旦それが生まれ始めると別の「恐怖」を呼び寄せ、まるで雪だるまのように膨らんでいく傾向があります。

「不景気で未来が予測不能」というなんとなく感じる恐怖が、賃金カットへの恐怖につながり、それが雇用への恐怖にまで波及し、最終的には上司の一言一言にまで恐怖を感じてしまう。

　改めて考えてみると、もともと芽生えた「恐怖心」と

は、現実の世界では、まだ起こってはいないものから生まれたものです。

　恐怖心が恐怖心を呼び、どんどん膨らんでいくことで、今できることすら手につかなくなってしまえば、まさにこれは本末転倒。

　その結果、案じていたことが現実になってしまうということになるわけですね。

　私はこの言葉を知ったとき、衝撃を受けました。それ以来、私は一度抱いてしまった「恐怖心」を整理するように努めています。

　恐怖心が恐怖心を呼び寄せないように、今自分が抱いている「恐怖心」の原因を明確にするようになったわけです。

　すると面白いことに、漠然と頭の中で思っていたほど、実際は恐ろしいものではなかったり、案外簡単に解決策が見つかったりということを何度も経験しました。

「恐怖心」とは自分自身の思考が作りだした実態のないもの。私たちが恐れるものは、漠然と抱く「恐怖心」に他ならない。

　これで今取り組むべきことに集中できるようになり、人生におけるパフォーマンスは大きく変わるはずです。

I don't know the key to success, but the key to failure is trying to please everybody.

成功の鍵については知らないが、失敗の鍵はすべての人を喜ばせようとすることである。

▶── ビル・コスビー

3年連続エミー賞受賞という快挙を持つ、アメリカを代表するコメディアン、ビル・コスビーの一言です。

コメディアンらしいひねりの効いた表現には、成功への非常に大切な条件が暗示されています。

以前、私はある興味深い調査結果を目にしました。

「好きなタレント」と「嫌いなタレント」のアンケート結果の第1位が、なんと同じタレントだったのです。

これはとても示唆に富んだデータだと思いませんか？

このタレントは歯に衣着せぬ語り口調が特徴の方です。

その物言いが好きな人にとっては好感度が高いでしょうし、嫌いな人にとってはただの厚かましい存在にしか映らないのでしょう。

このように、個性とは角が立つものです。

　私たちも、何か行動を起こそうとしたとき、このタレントのように賛否の意見をぶつけられることがままあります。
　どちらも「正義」を振りかざしてやってくるように見えますが、このどちらの意見に影響を受け行動するかによって、その後の人生が大きく変わっていきます。

　ちなみに私の経験から言うと、変化や進歩が望まれ、それが特に革新的なアイデアであると感じられるのであれば、**反対意見が多い方にこそ価値がある**と私は思っています。

　歴史を繙けばすぐに分かりますが、**偉人と呼ばれる人は、偉業を成し遂げる前は、ほとんどの場合、変わり者と見なされている**のです。
　当然と言えば当然ですが、大多数の理解が及ばぬところに、偉業は生まれるわけです。

　すべての人を喜ばせようとしないこと。
　社会正義に反することさえしなければ、これが成功へ向けての必要不可欠な条件です。
　そのエゴを貫き通すことが結果的に、信じられないほど多くの人を喜ばせることにつながっていくことを、数多の成功者から、私たちは学び取ることができます。

九十九の失敗の中に
一つの成功がある。

▶── 柳井正

ユニクロ創業者の柳井正氏の一言です。

柳井氏はその著書で、今までの人生はほとんどが失敗や負けでできている。「ユニクロ」というたった一つの勝利が成功へつながったと言い切っています。

事実、飛ぶ鳥を落とす勢いだけが、柳井氏のイメージとしてありますが、「ユニクロ」でも失敗はありました。
野菜事業への進出と失敗は、記憶にある人も多いと思います。

実は、私が柳井氏にすごさと魅力を感じたのは、その失敗の最中でした。

「『ユニクロ』それ見たことか」と拡大路線が徹底的に叩かれ、「ユニクロ」は終わったなどという批判が飛び交う中、私はあるインタビュー記事を目にしたのです。

柳井氏は、**野菜事業の失敗を「ユニクロ」にとってさらなる飛躍の大きな教訓だととらえ、失敗したメンバーを、次回の新規事業で抜擢したい**という旨の発言をしていました。

　さらに、当時もっとも売上のあったお店の店長だった方のインタビューも併せて掲載されており、**「業績が落ち込んだときにも動じない幹部や会長の姿勢を見て、この会社は大丈夫だと確信した」**という発言も目にしました。

「組織は経営者の伸びた影」

　これはナポレオン・ヒル博士の言葉ですが、その意味で「ユニクロ」には、柳井氏のマインド、つまり「失敗は飛躍のチャンス」「失敗の中にこそ成功が眠っている」という考えが確実に根付いているのだと、私は想像しました。

　冒頭の言葉、「九十九の失敗の中に一つの成功がある」には、起業家スピリットのなんたるかが、明確に刻み込まれています。

　私たちが生き抜かねばならないこの21世紀において、柳井氏の説く起業家精神は、すべてのビジネスパーソンにとっても必須のものです。

In order to be irreplaceable one must always be different.

かけがえのない
人間となるためには、
いつも他とは違っていなければ
ならない。

▶── ココ・シャネル

ファッション界に革命を起こしたフランスのデザイナー、ココ・シャネルの一言です。

先頃、ココの半生を描いた映画が話題となりました。
まだ世の中の空気が閉鎖的な時代でありながら、ゼロから世界的なブランドを創った一人の女性、ココ・シャネルの壮絶な生き様には、感銘を覚えた人も多かったと思います。

孤児院で育った経験から、ココには強いコンプレックスがありました。
それゆえに、誰よりも貪欲な出世欲と名誉欲にココの心は支配されます。
その信念はその後、女性の社会進出をファッションで実現させようというヴィジョンにまで昇華され、彼女の

ミッションが明確になっていきます。

　彼女の目を見張るような行動力と突破力は、そこから生まれたと言っても過言ではありません。

　鮮明な目標と理想を胸に、それを実現するための激しい渇望をにじませつつ、様々なチャンスを引き寄せていくココの姿に、多くの人が教訓を得たはずです。

　特に印象的だったのが、ロシアでの社交界での場面。同席したセレブ女性から漂う素敵な香りに、ココのアンテナが敏感に反応したときのことです。この香りに一瞬にして魅了されてしまった彼女は、最高の香水を創ることを決意します。

　そうです。たった一つの席がきっかけとなり、シャネルブランドを世界的なものに高めた香水「シャネル＃5」が生まれたわけです。

　私は思わず、世の中を厳然と支配している「**2：8の法則**」を思い浮かべました。

　つまり、**他人と同じ視点で、他人と同じことを考え、そして他人と同じ行動を取っていたら、どう転んでも、多数を占める8割から抜け出すことは絶対にできない**ということ。

　強靭な信念で、強引に時代を切り開いていったココ・シャネル。彼女のように、世の中で影響を与える側に立つにはどうすればいいのか。

　冒頭の一言は、それを強く示唆するものです。

野球というスポーツは、
人生そのものです。

▶── 長嶋茂雄

「戦後最大のスーパースター」とまで形容される稀代の
スポーツ選手、読売巨人軍終身名誉監督、長嶋茂雄氏の
一言です。

　この一言は、長嶋氏がジャイアンツの監督（第二次）
を勇退し、原監督（第一次）に禅譲した際の記者会見
（2001年）で語られた言葉です。

「長嶋さんにとって、野球とは何ですか？」という記者
の質問に、多くの野球ファンを惹きつけたあの満面の笑
みを浮かべながら、冒頭の一言で答えたあのシーンは、
今でも鮮明に残っています。

　この記者会見が行われた当時、私は大学を卒業すると
いう節目の時期を過ごしていました。
　そのときはそれほど感じませんでしたが、今では「プ
ロフェッショナルとは何なのか」という明確な定義が、
この言葉には含まれていることに圧倒されます。

6歳のころから私は熱狂的な巨人ファンでしたが、当然リアルタイムでスーパースター長嶋茂雄のプレーを見たことはありません。ただ、監督長嶋茂雄には、多くの人と同様に、大いに魅了されていました。

　特に「ファンを喜ばせ、感動させてこそプロだ」というその信念には、勝敗を超えた感動と勇気をどれほど与えられたか分かりません。
　長嶋氏にかかると、野球が一つのスポーツではなくなり、エンターテインメントにまで高まってしまうわけです。

　私は長嶋氏のこの姿勢から、大きな教訓を得ました。それは、**プロとして「何らかのサービス」を提供する以上、人を喜ばせなければいけない**ということです。
　さらに言うと、**「感動を与える」ことを目標の基準に据える必要さえある**のだと悟ったのです。

　私は営業職のころからプロコーチとなった今でも、プレゼンテーションとはエンターテインメントだと考えています。契約を取ることは着地点ではなく、あくまでも通過点。

　顧客を喜ばせ感動させることがプロであると、私は疑いなく信じています。

私が球場に入ってまずすることは、
今日初めて球場に
足を運んできてくれたであろう
お客さんを探すことです。
そして、その日はその人のために
プレーをします。そのお客さんに
喜んで帰ってもらうために、
時に視線を向けて
プレーをするわけです。

▶── 長嶋茂雄

引き続き、長嶋茂雄氏の一言です。

私は、この長嶋氏のプロフェッショナリズムに強烈な教訓を得て、**お客さまと向き合うときには、エンターテインメントを感じてもらおうという姿勢で臨む**ようにしています。

言い換えると、私のプレゼンテーションやコーチングセッションのライバルは、舞台や映画、コンサートだと言ってもいいぐらいです。

「楽しんでもらい、感動してもらう」

これを常々意識しているわけです。

なぜなら、**ワクワクして心が動いたときに、人の行動は変わり始める**からです。

ということはワクワクさせることができれば、私がクライアントの人生をも変えることができるということになります。

ところで、長嶋氏は、自らが生涯をかけた「野球」に人生の縮図を見ていました。

実はこれこそが、私は究極のプロフェッショナリズムだと考えています。

自分の選んだ職業、取り組み続けた仕事の中に、「人生」を感じることができるか。

真のプロフェッショナルには、この考え方が骨の髄まで染み込んでいるのだと考えるのです。

日々の問題を一つひとつ解決し、自分のステージを上げていく。または、変化のないようなルーチンの中に、絶えず改善点を探して精度を上げていく。

どんな仕事であれ、それが「人生の縮図」だと考えられたとき、すべての取り組みに意味を見出せると、私は信じています。

私自身、まだまだ一歩を踏み出したばかりですが、人生をかけた仕事の第一線から退く際には、「自分の仕事は、人生そのものだ」と肚の底から言えるよう、日々鍛錬を続けていきたいといつも思っています。

Things may come to those who wait, but only the things left by those who hustle.

待っていればすべてあちらから やって来ると言われるが、 やって来るのはどんどんやる 人間が残したものだけ。

▶── トーマス・A・エジソン

決断力と行動力の欠如がもたらす人生における犠牲について触れた、エジソンの一言です。

世界最高峰の成功哲学であるナポレオン・ヒル哲学は、エジソンを代表とする500人以上の成功者を20年間分析し、その思考や行動の共通パターンを17の原理原則にまとめたものです。

と同時に、実を言うと失敗についても2500人以上を分析し、30の原因をまとめあげているのです。

その代表的なものとしてヒル博士が**もっとも注意すべき悪習**として挙げているのが、「優柔不断」と「一日延ばし（先延ばし）」です。

私自身、仕事の関係でたくさんの方々とお会いする機会に恵まれますが、いつも実感することは、人間の持つ「能力」に、差はほとんどないということです。

　結局のところ、**「決断力」と「行動力」の違いによって、人生における結果に差が生まれる**ということを、思い知らされます。

　信じたこと、やりたいことを、どれだけ決断して行動しているか。
　突き詰めれば、人生で得られる結果の差は、その差でしかありません。
　そして本当に興味深いことですが、この決断力と行動力というものは、能力ではないということです。
　ちょっとした勇気、つまり気持ちの問題なのです。

「決断した人に、決断できない人が付き従う」というのが、世の中の明確な仕組みなのです。

　そして一歩踏み出すと、その勇気を後押しして、応援してくれる人が集まってくる、というのが世の中の仕組みなわけです。

　冒頭のエジソンの言葉に思いを馳せると、改めて、決断できなかったり行動できなかったりすることで生まれる犠牲の大きさを、感じずにはいられません。

Little successes pave the way to bigger success.

小さな成功が
大きな成功の扉を開く。

▶──── メアリー・ケイ・アッシュ

アメリカ屈指の化粧品会社を創業した女性経営者、メアリー・ケイ・アッシュの一言です。

叩き上げのサクセスストーリーを自らの手で描き、アメリカを代表する経営者にまで上り詰めたメアリー・ケイ・アッシュの言葉には、日々の意識的な取り組みの重要性が凝縮されています。

特に目立つこともないセールスレディだったメアリーが目覚めたのは、所属する営業会社のコンベンション（表彰式）に無理を押して参加したことがきっかけでした。

その年のトップセールスレディを目の当たりにし、その輝かしさに魅了されたメアリーは、「自分も必ず来年ここで表彰される」と自らに誓ったと言います。

そうは言いながらも、そこから一気にメアリーがトップに立てたわけではありません。

試行錯誤を繰り返しながら、一歩一歩、できることを達成しようと取り組み始めたのです。

　そして、その一つひとつの成功体験を積み重ねるうちに、気がつくとアメリカを代表する経営者の仲間入りを果たしていたわけです。

　たとえ初めは小さな目標であったとしても、より具体的に数値化して、日々の仕事で設定することが大切です。

　そして、一日の終わりにそれを振り返り、達成度合いを測定し、達成した際には感情を高めて喜ぶことが大事です。

　なぜなら、**「目標達成＝喜び」という公式を、脳と身体に条件付けることで、目標設定と達成をすることが、自分にとって幸せなことであるのだと、潜在意識に刻み込むことができるから**です。

　大きな成功は、小さな成功を積み重ねた人にしかやってきません。「こんな仕事は小さすぎる」などと考えていては、いつになっても大きな目標にトライすることすらできないのです。

　まずは達成癖をつくる。

　これを意識して日々の仕事に励めば、近い将来、大きな成果を手にしているはずです。

天は自ら助くる者を助く。

▶── サミュエル・スマイルズ

　世界的な不朽の大ベストセラー『自助論』の著者、サミュエル・スマイルズの一言です。

　あまりにも有名なこの一言に、本当にたくさんの人が励まされ、勇気づけられたと思います。
　私自身、自分が困難に陥ると、いつも思い出すようにしている言葉です。

　思い通りにいかないとき、私は次のように自問します。
「この困難な状況を、環境や状況のせいにはしていないか？」
「助けがやってくることだけを望んではいないか？」
「この状況の中で自分ができることを、真剣に探しているか？　きちんと行動しているか？」

　当然のことですが、自分の人生を創るのは他の誰でもなく、自分自身です。
　環境や状況に若干の要因はあるにせよ、最終的に自分の人生を創るのは自分自身に違いありません。

また同様に、自分を成長させることができるのも自分自身ですし、救えるのも自分自身。

　出会いや出来事というのは、結局のところ、単なる「キッカケ」にしかすぎません。

　同じ本を読んでも、同じ人の話を聞いても、何に気づき、どう行動するかが人によって違うように、とらえ方や活かし方によって、人生の結果は大きく変わってきます。

　その中で例外なく言えることは、**自分のことを自分で救おうとしない人を助けようとする人は、どこにもいない**ということです。
　自分で何もせず、ただ救いを求めているだけでは、救いもチャンスもやってはきません。

「隣で見ていて手を差し伸べてあげなければ良心が痛む。そう思われる若者になれ！」

　これは私が秘書を務めさせてもらい、本当にお世話になった社長から、大学生のころ投げかけられた言葉です。

　チャンスを与えたいと思わせる自分になる。
　私にとっての「自助の精神（自分で自分を助けよう！）」の原点です。

今から20年後、
あなたはやったことよりも
やらなかったことに失望する。
ゆえに、もやい綱を解き放ち、
安全な港から船を出し、
貿易風を帆にとらえよ。
探検し、夢を見、発見せよ。

▶── マーク・トウェイン

マーク・トウェインの一言です。

決断を迫られたとき、私がいつも判断の指針としている言葉です。

「人生は選択の連続である」

頻繁に聞く言葉ですが、確かに私たちは日々選択を繰り返して生きています。

瞬間瞬間、選択を繰り返していると言っても過言ではありません。

身近なところでは、ランチのメニューをどうするかとか、誘われた会に参加するかとか、その都度その都度、選択を迫られているというのが現実です。

冒頭の言葉に私が出会ったのは、確か３年ほど前でした。

　今までの人生を振り返ってみると、まさにその通りで、「やった後悔」よりも「やらない後悔」の方が強く残っています。そのことに気づいたときのことを、今でも鮮明に記憶しています。

　思うに、「やった後悔」は、決断後の展開を自分自身でコントロールできる領域が大きいと言えます。

　自分でコントロールができれば、極端な話、諦めもつきますし、逆に粘ることもできます。

　一方「やらない後悔」はコントロール不能の領域が大きくなるので、予測部分が広がり、「もしやっていれば……」という自責の念が日に日に膨らんでいく傾向があります。

　結局のところ「選択して決断した場合」は、何を選んでも満足もするし、後悔もすると私は思っています。

　だからこそ問われるのは、決断後の行動なわけです。

　将来的に自分で選び決断したことを正しいものとするためには、正しいと判断するための行動を取る必要があります。言い換えると、決して後悔しないための行動を取り続ける必要があるわけです。

　選択に迷ったらやってみる。これが私の選択の基準です。

　少なくとも私は今から20年たった52歳のとき、「あのときやっておけばよかった……」という後悔だけはしたくないと思っています。

人間の魂に一度火がつけば、不可能は消えてなくなる。

▶ ── ジャン・ド・ラ・フォンテーヌ

イソップ寓話を基にした寓話詩で知られる17世紀フランスの詩人、ジャン・ド・ラ・フォンテーヌの一言です。

私がこの言葉に大きな希望を感じずにはいられないのは、他でもない、芸術家の口から発せられている言葉であるからです。

芸術家とは、とかく生まれ持った資質や「天賦の才能」というものがクローズアップされがちです。

どうしても越えられない壁が確実に存在し、その世界での成功は生まれたときからすでに決められているように感じられるのが、一般的な芸術の世界のイメージです。

しかし、フランスを代表する詩人、ラ・フォンテーヌは、魂に火さえつけば、不可能はないと言い切っています。であれば、魂に火をつけないわけにはいきません。

ちなみに、ナポレオン・ヒル博士は、成功者が事を成

すにおいて、不可能を可能としていく一種異様な「熱意」のことを、"Enthusiasm"と表現しました。

これはもともと、「心の中に神がとりついている状態」という意味を持つ言葉です。

つまり、本当の意味での「熱意」とは、まるで「神が宿ったような、尋常でない状態」のことを指すのです。

ラ・フォンテーヌが言う「魂に火がつく」状態、そしてヒル博士が言うところの**「神が宿っている状態」になった瞬間、不可能は、この世の中から消えていく**のです。

誰もが過去に、特に幼かったころに経験があるのではないでしょうか。寝食を忘れ、時間を忘れて一心不乱に何かに打ち込んだという経験が。

その状態が、ここで言う"Enthusiasm"に近い状態です。

既成概念や固定観念から解き放たれると、心のブレーキは外れます。

心のブレーキが外れたとき、私たちの潜在能力というモンスターのような能力は一気に発揮されていきます。

自分の真の可能性を信じるべきだと、ラ・フォンテーヌは語りかけてくれています。

ビジネスの世界においては、すべての人は2種類のコインによって支払いを受ける。現金と経験だ。まず経験を取れ。現金は後からついてくる。

▶── ハロルド・ジェニーン

ITTのCEOとして活躍した、アメリカ史上に名を残す大実業家、ハロルド・ジェニーンの一言です。

ちなみに、ジェニーンが自身のビジネスで培った経験を著した『プロフェッショナルマネジャー』は、あの「ユニクロ」の柳井会長が「最高の経営バイブル」と言って推薦しています。

ジェニーンの言うように、ビジネスで得られるものは2つしかありません。
一つは「現金」、そしてもう一つは「経験」です。
成功者と言われる人たちのキャリアのスタートにおいては、例外なく「現金」以上に「経験」を求めていることが分かります。

第三者から見れば割に合わない働き方をして、「経験」を一つひとつ積んでいくわけです。

　その姿勢はまるで、木の根っこが下へ下へと張っていくような印象を私は持ちます。

　実は私自身、経験的にこの言葉が真理であることを実感しています。

　社長秘書として新規事業プロジェクトやイベントプランニングに携わっていたとき、仕事柄、今思い返しても本当にたくさんの時間働きました。

　そのころの私は、どんなに働いて疲れていても、毎日エキサイトしていました。

　同じ1年でも他の人の3年分、経験を積んでやろうと思っていたのです。

　今振り返ると、ナポレオン・ヒル成功哲学の「プラスアルファの法則」を知っていたことが、当時の私の原動力でした。

　その後、未経験のまま営業職へ飛び込んだとき、それまでのすべての「経験」が役立つ体験をしました。

　そして、**「経験」が2年後の「年収」として、4倍にもなって本当に返ってきたのです。**

　今取り組んでいる仕事で、あなたは「経験」を取ろうとしているのか、「収入」を取ろうとしているのか。

　ぜひ考えてみてください。

話しあい 耳を傾け 承認し 任せてやらねば 人は育たず。

▶── 山本五十六

連合艦隊司令長官、山本五十六の一言です。

今の時代に求められる部下指導の、まさにお手本と言えるような言葉ではないでしょうか。

この言葉を耳にしたとき、山本大将はコーチング技術を学んでいたのではないだろうかと私は思いました。
なぜならこの一言には、コーチングテクニックとして代表的な、「傾聴」と「承認」というノウハウが含まれているからです。

改めて痛感したのは、やはり**優れた指導者は、人をモチベート（動機づけ）する視点とやり方を、しっかりと認識している**ということです。

人の心は、認めてくれた人、肯定してくれた人、そして褒めてくれた人の方へ自然に向いていく習性があります。

耳を傾けてくれる人に話をしようと思い、承認してくれる人のために働こうとするのは、今も昔も人間心理としてはまったく同じなのでしょう。

　ちなみに、コーチングという手法が確立されたのは1970年代ですから、山本大将がコーチングという体系化されたノウハウを学んだことはないでしょう。

　でありながらも、人間心理の探究や、相手の立場で考える視点、さらには優れた指導者になるためのたゆまぬ考察が、冒頭の境地を築き上げたのだと考えられます。

　ノウハウをどんなに学んだところで、結局は、実践しなければ何の意味もありません。
　実践を繰り返し、自分なりのやり方に落とし込んでこそ、初めて実生活において成果が表れてくるわけです。

　ノウハウなど学ばなくとも、優れた指導者は実践している──山本五十六大将の言葉に触れて、私は改めて、それを痛感しました。

三十にして立つ。
四十にして惑わず。

意味：30歳で自立する。40歳で人生に惑いがなくなる。

▶──『論語』

生き方の指針を示す羅針盤のような『論語』の一節です。

先日、私は30代だけが集まる交流会に参加してきました。
「社会の中核をなす30代が元気になることで、日本を元気にしていこう」という趣旨の会だったのですが、同世代の様々な業界の方々との出会いは、本当に刺激的なものでした。

私が改めて思いをめぐらせたのは、150年ほど前の明治維新についてでした。
国のかたちを変えたのは、紛れもなく私たちと同世代の30代の若者たちが中心でした。

私がもっとも敬愛する坂本龍馬のように、看板もお金もない中、己の明確な目的意識と志だけを持って、ただ我武者羅に行動していった若者たちです。

150年ほど前にも、こうした一つの集いから、何かが生まれたのではないかと思い、私は胸が熱くなりました。

　私が独立を明確に意識したのは、2008年の11月15日です。
　龍馬の命日にお墓参りをした際、私と同じような多くの龍馬ファンが参拝のために列をなしていたのを目の当たりにし、衝撃が走りました。

　死して1世紀半たった今でさえ、その志にたくさんの人たちが共鳴しているのを肌で感じ、同時に、**私は何を後世に残せるのだろうか**と自問したのです。

　そのとき、私自身も、自らの船で大海原に航海に出て、その志を後世に残さなければと思ったのが、決断への大きなきっかけだったのです。

　人生はたった一度です。
　先人たちは私たちに、その熱い生き様と、志を残してくれました。

　たった一度の人生。
　私も同様に、自分が生きた証を、生き様と志で残していきたいと、励んでいます。

すべての人間は、
その人の最高の瞬間によって
評価される資格がある。

▶── ラルフ・ウォルド・エマーソン

　19世紀に活躍したアメリカの思想家、ラルフ・ウォルド・エマーソンの一言です。

　言い換えれば「人間の潜在能力を信じきる」というこの言葉に、私はどれだけ勇気づけられたか分かりません。

　能力開発の世界に身を置き、クライアントの方々と向き合っていくうえで信条としている言葉でもあります。

　成功哲学や能力開発に触れるようになって、私は大きなパラダイムシフトを何度も経験しました。
　その一つが、**自分の成功を徹底的に研究する**ということです。
　今までは、どちらかと言えば失敗の方を意識的に分析する傾向が強くありました。
　そして、成功は「たまたまラッキーだった」とか「まぐれで、次回は分からない」という程度の認識しかせ

ず、分析しようとすらしませんでした。

　しかし、成功者と呼ばれる人たちは、自らの成功に焦点を合わせ、それを徹底的に分析します。
「なぜ成功できたのか？」をとことん掘り下げ、その原因を洗い出し、再び成功できるように構築していくわけです。
　すると、自分自身の持つ成功回路のパターンが明確になってきます。
　その回路を育てること、そしてその種類を増やしていくことにフォーカスし、そこに当てはまるように行動していけば、成功への可能性が自然と高まっていきます。

　多くの人がそれとは逆に、**失敗のパターンばかりを明確にしようとします。**
　すると、脳は自然に失敗の方へとフォーカスしてしまうので、気づけばそのパターンにはまってしまうわけです。
　能力開発の世界で様々な方と向き合う中で、私はそのことに気がつきました。
　ぜひ、自分自身の成功を徹底的に分析し研究することをお勧めします。
　そして、それを成功のパターンとして明確にし、その回路を育てることを意識してみてください。
　一度それが血肉化されてくると、どんな環境でもその成功パターンに持ち込める自分に気がつくはずです。

信念をもった一人の人間の力は、興味を持たない99人の集団にもまさる。

▶── ジョン・スチュアート・ミル

「自由とは何か」を問う名著『自由論』で自由主義思想に多大な影響を及ぼした19世紀イギリスの思想家、ジョン・スチュアート・ミルの一言です。

私自身「自分一人でも可能性を信じる」ことができるようになった、非常に力強い言葉です。

組織や環境を変革させようという話し合いの中で、「結局、一人では何もできない」という趣旨の言葉を聞くことがあります。
この種の言葉は、冷笑的な諦めの姿勢で世の中を眺めた者の意見でしかありません。

当然、この言葉が生まれる思考からは、生産的な力が育つことはないわけです。

確かに、一人の力は微力かもしれません。

　しかし、その**一人の熱のこもった強烈な思いが周囲に伝播し、信じられない力を持ち始め、組織や環境が変わっていった**歴史は、枚挙にいとまがないことも事実なのです。

　一人の志の胎動から、世の中が変革していったという多くの史実を、私たちは見つけることができるわけです。

　ミルの言葉に思いを馳せると、私は心の底から勇気が湧き出る思いがします。

　99人の中に落ち着くことに満足せず、たった一人でも信念を持ち続け、そして挑んでいこうと鼓舞されます。

　不透明で混迷を極めている今の時代だからこそ、私たちは今一度、鮮明に記憶しておくべきではないでしょうか。

　すべての偉業は、一人の熱い思いから始まったという事実を。

「誰か他の人が」という発想ではなく、一人でも多くの人が自分の可能性を信じて物事を発想する視点を持つことで、世の中の環境が少しでもよい方向に向かっていくと信じています。

In the beginning was the Word, and the Word was with God, and the Word was God.

初めに言葉ありき、
言葉は神と共にありき、
言葉は神であった。

▶──『新約聖書』ヨハネによる福音書 第一章第一節

　私がこうして格言や名言を集める直接的なキッカケとなった一言です。

　この言葉との出会いは、高校生のころです。読書の喜びと意義を教えてもらった尊敬する国際ジャーナリスト、落合信彦さんのある著書の冒頭にこの言葉は記されていました。

　特別な信仰心は持っていない私ですが、「言葉は神である」というメッセージには大きなパラダイムシフトを経験しました。

　日本にも神道からくる「言霊」思想がありますが、洋の東西を問わず、人類が「言葉」に形而上的な畏怖の念を持って向き合っていたことは、非常に興味深いことです。

　この言葉に触れて以来、私は軽はずみな言葉で自分自身の価値観を表現しないよう、肝に銘じるようになりまし

た。「神」や「魂」が宿る神聖な表現手段である言葉を、粗末に扱ってはいけないと考えるようになったわけです。

　ところで、私たちがしっかりと認識しておくべきことは、言葉は思考の表れだということです。
　意識・無意識を問わず、考えていないことは言葉に表れることはありません。

　「思考が人生を決定づける」というのが先人たちの教えであれば、「言葉が人生を決定づける」とも言い換えられます。
　つまり、**言葉を変えると人生が変わる**わけです。
　前向きな言葉を発する人には前向きな思考があり、前向きな思考の人には前向きな行動が生まれます。

　そして、前向きな行動を続けると、前向きな結果を手にする可能性が自然と高まってきます。

　一方、推測や噂話ばかりをし、既成概念から生まれた言葉だけを発信し続けると、憶測や噂話でつくられた人生になり、決して既成概念を飛び越えることはできないでしょう。

　言葉を変えて人生を変える。
　私にとって自己成長とは、こう意識したときから飛躍的に高まりました。

体験談

自分自身が変化し、営業成績もトップに

　無料体験を受けたとき、「自分が絶対にむずかしいと悩んでいる課題でも解決できるのですか？」とやや疑いの気持ちで浅川コーチに聞いてみました。

　そのときの浅川コーチの返答が一切の躊躇なく「はい！」と即答だったので、私一人では見つからない答えがもらえそうだなと感じ、直感でコーチングを申し込みました。

　私の希望は「仕事を楽しみながら営業成績を常に高く保ち、休日はしっかり遊んで仕事以外の楽しみも見つけたい」というもの。当時はそんなに全部いいことだらけの結果なんて……と自分ができるとは思えませんでしたが、セッションが進むうちに、私の中で変化が起きてきました。

　もともと私はメンタル部分がぶれやすく考えすぎるタイプだったのですが、講座を受けるうちに頭の中がいつもシンプルですっきりするようになり、考えるだけでなく行動することが増えてきました。「お客さまと自分の成長」に仕事のミッションを決めて動いているおかげか迷いがなくなり、楽しめるようになりました。

　そのうえ、営業成績が安定してきて、個人売上で単月トップという、予想以上の結果を出すこともできました。夏休みには、以前訪れて大好きになった北欧へご褒美旅行にも行くことができ、「私ってやればできるんだな～」と改めて自己を信頼する気持ちも芽生えています。

　コーチングの魅力は、価値ある目標の明確な設定とその達成が、自分の力でできるようになることです。悩ん

だとき、「誰に聞こう?」と周りを見回すのではなく、自分の中に答えがあると信じ解決できる能力は、人生のいろいろな場面で絶対に役に立ちます!

　浅川コーチのセッションは、フレンドリーで雑談が多めですが(笑)、その中に貴重な情報がたくさん詰まっていて自然と正しい方向へ導いてくださるので、がんばらなくても結果が出ます。私は絶対お勧めします!!

【隠岐田良子さん・福岡県在住・コンサルタント・39歳】

出会って半年ですべての夢が実現

　ずっと描いていたオーストラリアへの夢。踏み切れずにいた私の夢の実現をプッシュしてくださったのが浅川さんのコーチングでした。

　浅川さんのコーチングは、常にベターよりベスト、ベストより圧倒的なものを追求していくもので、自分にとって最高の状態へと導いてくださいました。私が持っている潜在能力をどんどん引き出してくださり、セッションを開始してからたった1週間で、営業成績が4倍まで跳ね上がったのには驚きです。

　また、私がずっと抱いていたオーストラリアに住むという夢の実現も、浅川さんが「いつオーストラリアに住めたら最高ですか?」という質問がきっかけでした。

　最初は半信半疑でしたが、セッションを重ねていくごとに、オーストラリアへの移住計画が着々と進み、なんとセッションを開始してから5か月後にはオーストラリ

ア行きのチケットを手にしていました。

　オーストラリアに渡ってからもサポートしていただき、現地で憧れの営業職に就くことができました。それもなんと、オーストラリアで発行している最も古い日本語新聞の広告営業の仕事です！

　浅川さんに出会ってからの半年間で、私が描いていた夢のすべてが現実のものとなりました。

　私一人の力では、到底ここまで実現できなかったと思います。本当に浅川さんのコーチングセッションのおかげです。

　自分が持っているパワーを最大限発揮すると、ここまで変わるということを浅川さんのコーチングを通して改めて実感致しました。これからも自分の人生をさらによりよいものにするために浅川さんのコーチングは欠かせません。これからもどうぞよろしくお願いします。

【善田藍里さん・オーストラリア在住・広告営業・23歳】

モチベーションがグングン上がる研修でたくさんの「気づき」をゲット

　浅川さんとの出会いは、会社の部署主催の外部講師を招いての研修でした。テーマは「営業」。そこでの研修はまさに「営業☆命」の私のモチベーションがグングン上がる素晴らしい研修内容でした！「人生と営業でいかに成功するか」「上手くいく人といかない人の差」「目標設定のコツ」などなど。

　その中で私のテンションが最高潮になったお言葉は、

「近い将来、営業職が憧れの職種になる！」です。営業とは、「自分の言葉によって人の心を動かせる、また、人に会うことで対人力を高めながらお金がもらえる最高の仕事」とのことでした。

　同感っっっ！！！

　一気に浅川さんと、その研修内容に引き込まれました。

　数か月後にはマネージャー職が決まっていた私。今後、高い成果と、マネジメント能力が求められることにワクワク感と同時に不安を抱えていた当時。職場の上司からの助言も含め、「『その道のプロ』の教えは喉から手が出るほど欲しい！」と思っていた最中でした。

　それから早10か月。

　浅川さんにコーチングをお願いして、本当に良かったと思っています！

　困ったとき、大変なときにアドバイスを頂けることはもちろん！　それ以上に「成功体験」のフィードバックをしていただけることに、私は大きな価値を感じます。

　失敗したときには皆、何が悪かったか、と自分を振り返りはするはずです。けれども成功に対しては日本人の性格のせいなのか、振り返って客観的に自己の成長を「認識」することはあまり多くありません。

「なぜできなかったか」を繙くことはもちろん大事。けれどもそれと同様もしくはそれ以上に、「なぜできたか」を明確化することが、今後の人生に大きな影響を与えることは間違いありません。

「自分に驕ることなく、ただし自己評価は正当にする」

「成功が成功を生む法則」

　まだまだ私が教えていただき気づかせていただいたこと
はたくさんあります。セッションで人が得るものは十人十色。
私は一人でも多くの人に成功する喜びを味わってもらいた
い。そんな人たちが多ければ多いほど喜ばしいことです！

　これからの私たちの前途に幸あれ♪♪

【越智礼恵さん・東京都在住・保険営業・25歳】

私の可能性を引き出してくれた名コーチ

　浅川さんとお会いしたのは仕事を始めて４、５か月のこ
ろ、先輩の紹介でした。信頼している先輩が絶大の信頼
をおいている浅川さんとはどんな方なのかと興味津々だっ
たのですが、お会いするとその意味がすぐにわかりました。
「私も浅川さんのコーチングを受けたい！！」とお話を
はじめて５分で思ったほどです。

　けれども私は、新入社員、それに初の営業職、さらに
シングルマザー。収入が安定しているわけがありませ
ん。それなのに、
「浅川さんしかいない！！　この人に付いていこう！！」
と即決できるくらいオーラのある方でした。

　それから２か月後、営業未経験だった私が200人以上
いる営業部内で第５位の成績に。

　さらに最短で主任に昇格！

　もちろん、「日々の努力を惜しまなかった」のも営業成
績が上がった理由の一つではありますが、その努力が楽し

かったのも、イライラすることも子育てに疲れることもなく仕事に集中できたのも、浅川さんがいてくれたからです。

　あのとき決断した私、私の可能性を引き出してくれている浅川さんに心から感謝しています。

【M.S.さん・千葉県在住・生命保険会社勤務・24歳】

この喜びをたくさんの人々に還元する日々

　浅川さんと初めて出会ったころ、私は暗く深い悩みにはまっていました。直接問題を解決しようとすればするほど深みにはまるような感じで体調も崩し、すべてにおける人間関係もよくなかったように感じます。

　私はダンス教室とスピリチュアルカウンセラーと母親業をしていますが、ダンス教室では自分でも分かるほど、暗い顔をしながら指導に立っていましたし、カウンセラーは手法に悩みながらやっていましたし、母としても息子に心配をかけていました。

　しかし浅川さんと出会い、私は「たくさんの勇気」を頂きました。

　その結果私は、ものすごく明るくなり自分が大好きになりました。さらに、導きの声もたくさん聞こえるようになりました。

　悩んだり落ち込んだりすることは、たまにありますが一瞬です。セルフマネジメントが上手になった私は、すぐに気持ちや状態が元に戻ります。

　おかげ様でダンス教室は2年で人数が3倍になり、カウンセリングの手法も軸が決まり、毎日温かい導きを受

け取れるようになりました。息子とは毎日笑い合って過ごしています。

その中でも一番驚いたことは収入面です。

私は5年前に離婚をして初めて勤めに出ましたが、当時毎日クタクタになるまで働いても、月収は10〜16万円でした。子どもが小さいので、病気などで欠勤することもたびたびありました。仕方なく休んでいるにもかかわらず、同僚たちに何か悪く言われているのではないかという不安がとれなかったのを、今でも鮮明に覚えています。

それがなんと今では、当時の5倍は毎月平均的に入るように変わりました！　一番多い月では、月収が7倍までいきました。

行動範囲も広がり、付き合う人の質も変わり始めました。今では、欲しい情報やものは、まるで先回りして私を待っているような毎日です。

この喜びを、私はダンスや鑑定カウンセリングを通してたくさんの方々に還元しています。

不安とネガティブ思考から生まれる世界にいた私でしたので、どれだけ安心とポジティブ思考を保つことが大切なのかが分かりました。

浅川さんを通して得られた喜びを、今度は私から発信していきます。

今後も、私の成長を温かく見守ってくださいネ。

【旺青澄さん・静岡県在住・ダンスインストラクター／
引き寄せカウンセラー・33歳】

「すべての答えは自分の中にある」を体得

　浅川さんのコーチングを受ける前は、何か問題が起きたりできないことがあると、環境や人のせいにして悩んでいたと思います。

　浅川さんのコーチングを受けて、問題を自分では認めるのがこわかったから目を背けていたことに気がつきました。「すべての答えは自分の中にある」と分かり、気持ちがとても楽になり、今自分が何をするべきか、どう人と向き合うべきかが明確になり、仕事でもプライベートでもどんどん目標が達成されていきました。

　その結果、営業成果である売上が約36％アップしました！

【Colorさん・東京都在住・営業職・38歳】

夢に向かって走りだした私

　頑張ろうと思っても長続きせず、観念でしか物事をとらえられなかった私。自分の可能性など、考えることもしませんでした。

　しかし、浅川さんとのコーチングを重ねるたびに、「人にもできる事は自分自身にもできる」という確固たる信念が生まれ、思考と行動が大きく変わりました。

　面白いもので、自分の思考を変えると周囲の人間まで変わることを経験しました。私自身、夢に向かって走りだし、そうすることで人脈の幅が広がっていきました。

　物事にも逃げ出さずに向かい合うようになれました

し、思ったらすぐ行動できるようにもなりました。

　すべての経験は、学ぶことにつながることを知り、本当の感謝を知った気がします。

　浅川さんとのセッションで出会った言葉や、メルマガ「勇気の言葉」などを、紙に書き留めはじめるようになり、落ち込んだ時には引っくり返しては読むことで元気になれます。

　仕事の成果も飛躍的に伸び、会社から与えられた目標の100％達成を、入社して初めて経験しました。給料も、コーチングを始める前に比べると2倍近くに上がりました。

　浅川コーチは、世界に通用する人間だと、私は誇りに思っています。

【龍志さん・東京都在住・営業職・48歳】

浅川さんとの出会いで運が上昇

　浅川さんのコーチングを受けることで、もともと運が強いと自分では思っていましたが、「運を引き寄せていた理由」が明確にわかり、更に運が強くなりました。

　また、物事の受け取り方が大きく変わり、自分が望んでいない出来事に対して遭遇することが極端に減り、自ずとあらゆる結果も良い方向へと向かっています。

【佐藤和人さん・東京都在住・IT業界勤務・36歳】

自分の人生のミッションを
意識するきっかけになったコーチング

　浅川さんと出会い、その体験談を書かせてもらう機会を頂いたことに感謝致します。

　いきなりですが、私は今まで教育プログラム、コーチングに対して冷ややかな目でみている人間でした。

　私は20歳の頃から歩合の仕事を始め、年間200人以上の方と会ってきた経験から、わざわざ教育プログラムやコーチングを受けずとも、失敗や成功の経験から成功哲学や目標達成のノウハウを学び、また、出会う人から自分にはない価値観を学べば、自ずと実践もできるし、成功すると思っていたからです。

　また、一番の理由としては、他人の考えを押し付けられたり、他人に染められるのを、自分が極端に嫌うという自我の強さが非常に大きかったからかもしれません。

　もちろんそれである程度の実績は上げてきましたし、自分の考えに間違いはないと思っていました。

　そんなとき、私は会社を立ち上げ、代表という立場で人と接し、さらにビジネスの世界に足を踏み込んだとき、自分の人生のミッションを意識するようになっていました。「多くの方がやりたいことを実現できる、ワクワクする環境を作る」という初めて自分以外の他人の幸せを意識するようになっていました。

　その頃から自分の成長の限界を漠然と感じていました。

　このままでは一個人としては成長しても、多くの方に

実を生み出すことはできないと感じたのです。私の前には大きな課題が壁のように立ち塞がっていました。そんな中でも自分の自我を捨て去ることはできませんでした。

　そんなとき出会ったのが浅川さんでした。

　浅川さんとの出会いは今でも鮮明に覚えております。出会いは６月頃、ある方からお誘いを頂いたパーティーでした。

　私は一人、会場の片隅で、ぼんやりとパーティーを眺めていました。そんな私を気に留める方などいるはずないと思っていましたが、浅川さんが私に声をかけ、お友達を紹介してくださいました。何でもない一コマかもしれませんが、私にとってはとても印象的な出来事でした。私よりはるかに実績と経験を積まれている方が、自ら私に声をかけてくださったのです。

　そのパーティーのほとんどを浅川さんの行動を観察することにあてました。すると私以外の方にも自然と声をかけ、ご紹介をしている浅川さんがいました。自然と浅川さんの周りには人が集まり、全員が笑っていました。

　自分を誇示することなく、周りの方の幸せを考えて自ら行動する浅川さんの姿を見て、純粋に私もこうなりたいと思いましたし、自我を捨て去ることがどうしてもできなかった自分がとてもちっぽけなものに感じました。

　このときから浅川さんから学ぶことを決めていたのかもしれません。

　浅川さんのコーチングは充実したものでした。学んだことはもちろんですが、浅川さんの人に対しての伝え方、教え方は他の方とは明らかに違い、圧倒的なものがありました。

　浅川さんは相手の意見を尊重し、その人の向かいたい

方向をわかりやすく示してくれます。私もそうですが、自分ではうまくいくが、なぜうまくいったかを体系化し、相手の目線、価値観に合わせて教えることの難しさを、多くの方が感じたことがあるのではないでしょうか？

　浅川さんは自分がなぜ成功したのかを検証、分析し、言語化したものを、私の現状、目標に合わせてわかりやすく教えてくれました。

　相手を理解し、相手の幸せを一番に考えて行動される浅川さんのコーチングは、私の目標に合わせてどうすればうまくいくのか、そしてなぜうまくいったのかをわかりやすく言語化してくれました。さらにより加速度的に成長するための道案内をしてくださり、私のビジョンをよりリアルにし、なぜそのビジョンを達成したいのかの根拠を作る手助けにもなりました。そしてなにより、浅川さんが私の目標を心の底から応援してくれるよき理解者になってくださったことで自信がついたことは、私にとって最高の財産になりました。浅川さんに会う前と後では、まったく違う考え方の自分がいることに気づきました。

　私のようにどうしても自分の殻が破れない方、意地を張ってなかなか新しいことにチャレンジできなくなってしまっている方、大きな壁を感じていらっしゃる方は一度、浅川さんにお会いしてみてください。

　そのときは少しのきっかけかもしれませんが、その後過去を振り返ったとき、私のように人生の大きなターニングポイントになっているかもしれません。

【伊藤由宇也さん・東京都在住・会社経営者・25歳】

【出典一覧】

『思考は現実化する』（ナポレオン・ヒル著　きこ書房）

『ザ・シークレット』（ロンダ・バーン著　角川書店）

『イチロー思考』（児玉光雄著　東邦出版）

『イチロー哲学』（児玉光雄著　東邦出版）

『不動心』（松井秀喜著　新潮新書）

『上に立つ者の心得』（谷沢永一・渡部昇一著　致知出版社）

『ノルウェイの森』（村上春樹著　講談社文庫）

『使う！「論語」』（渡邉美樹著　三笠書房）

『強運になる４つの方程式』（渡邉美樹著　祥伝社新書）

『人生を考える英語』（杉田敏著　プレジデント社）

『狼たちへの伝言3』（落合信彦著　集英社文庫）

『ケネディからの伝言』（落合信彦著　集英社文庫）

『極言』（落合信彦著　小学館文庫）

『生き方』（稲盛和夫著　サンマーク出版）

『ユダヤ人大富豪の教え』（本田健著　大和書房）

『ゲーテ詩集』（ゲーテ著　新潮文庫）

『ゲーテ格言集』（ゲーテ著　新潮文庫）

『仕事の哲学』（P・F・ドラッカー著　ダイヤモンド社）

『プロフェッショナルマネジャー』
　　（ハロルド・ジェニーン著　プレジデント社）

『面白いことをとことんやれば、「起業」は必ずうまくいく。』
　　（栗原幹雄著　アスペクト）

『1934フットボール元年──父ポール・ラッシュの真実』
　　（井尻俊之・白石孝次著　ベースボールマガジン社）

『車輪の下』（ヘルマン・ヘッセ著　新潮文庫）

■著者プロフィール
浅川 智仁（Asakawa Tomohito）

営業コンサルタント／モチベーション・マネジメント・コーチ
ナポレオン・ヒル財団アジア／太平洋本部認定講師

1978年4月21日生／山梨県出身／早稲田大学第二文学部思想・宗教系専修卒
2009年9月、「セールスの社会的地位向上」と「能力開発の裾野を広げる」をミッションに掲げ、Life Design Partnersを設立し、代表に就任。

営業の分野に成功哲学を積極的に取り入れ、コーチングを使った独自の指導方法で、多くのセールスパーソンの飛躍的な売上アップに貢献。
特に営業未経験者や、結果を出せずに苦労しているクライアントの成績アップには定評があり、「1週間で過去4か月分の成績を上げた」、「1か月後には成約率が20％アップした」、「4か月でマネージャーに昇格した」、「営業未経験ながら、2か月後には200人以上いる営業部内で第5位の成績を獲得した」など、圧倒的な成功事例を多数出している。

また、美容師や栄養士、SEやダンスのインストラクター、介護福祉士や主婦といった営業職以外のクライアントも多く受け持ち、「考え方」の変化によって人間関係や仕事上においての悩み解決や理想の実現にも成果を上げている。

専門分野である「成功哲学」や「引き寄せの法則」をベースに、大脳生理学や行動心理学、脳機能科学などの要素を加えて生み出した独自のセッションは、多方面で様々な方の理想の人生デザインに貢献している。

2010年8月にはジャパンタイムズ紙が選ぶ「アジアを代表する次世代の経営者100人〜2010」に、営業コンサルタント及びプロコーチとしてただ一人選出された。

さらに、2011年1月からはナポレオン・ヒル財団アジア／太平洋本部より認定講師にも選任されている。

独立前は、能力開発業界大手の株式会社エス・エス・アイ／ナポレオン・ヒル財団アジア太平洋本部で営業インストラクターとして活躍。

営業未経験ながら入社2年のスピードで年間トップセールスを獲得し、「20代でセールスの世界で1番になる」という思考を現実化させた。

さらに、テクニック一辺倒だけの営業指導に疑問を覚え、自らが実践した「自己イメージ改善」と「セールスミッション作成」という独自のセールスメソッドも構築。

支店管理者としてそれを現場で実践し、着任初月に対前月比230%の売上アップを実現。

支店メンバーを全国トップのセールスパーソンに育てることにも成功した。

それ以前は、某ベンチャー企業で社長秘書を務める。

新規事業プロジェクトやイベント企画、経営企画に携わり、ビジネスを最前線で生み出す経験を数多く積む。

会社プロモーションのイベント責任者も担当し、公共団体とのアライアンスづくりに尽力。2000人の集客を成功させた経験を持つ。

■ 著者プロフィール

浅川 智仁（あさかわ ともひと）

モチベーター。営業コンサルタント。ライフデザインパートナーズ株式会社代表取締役。
1978年4月21日生まれ。山梨県出身。早稲田大学卒。
グローバル展開をしている能力開発企業で、入社2年で早くも年間トップセールスを
獲得したのち、独立。営業コンサルタントとして、専門である成功哲学をベースに、
大脳生理学や行動心理学、脳機能科学などの要素も積極的に取り入れた指導で、
11,000人以上のビジネスパーソンや経営者の成績アップに貢献している。2010年8
月には『The Japan Times』が選ぶ『アジアを代表する次世代の経営者100人～
2010』に選出。ビジネスシーンにおける成果は「話し方」に大きく左右されるとする
実体験からの教えには、「3年連続でトップセールスになれた」「苦手だった初対面
の場や交流会が、得意になった」「自信がつき、周囲の見る目が変わった」「もっと
早く出会っていたかった」といった感謝と感動の声が寄せられている。
主な著書に『電話だけで3億円売った伝説のセールスマンが教える お金と心を動か
す会話術』（かんき出版）、『できる人は、3分話せば好かれる』（三笠書房）などが
ある。

【連絡先】
ホームページURL ; http://lifedesignpartners.web.fc2.com/
E-mail ; life.design.partners@coast.ocn.ne.jp

武器になる言葉
—— ピンチをチャンスに変える100の叡智 ——

初版1刷発行 ● 2020年4月27日

著者
あさかわ ともひと
浅川 智仁

発行者
小田 実紀

発行所
株式会社Clover出版
〒162-0843 東京都新宿区市谷田町3-6 THE GATE ICHIGAYA 10階　Tel.03(6279)1912　Fax.03(6279)1913
http://cloverpub.jp

印刷所
日経印刷株式会社
©Tomohito Asakawa 2020, Printed in Japan
ISBN978-4-908033-67-4　C0095

本書の内容に関するお問い合わせは、info@cloverpub.jp宛にメールでお願い申し上げます